Detlefsen-Gesellschaft

Ruth Möller

Die Geschichte des barocken Reiterportraits im Rathaus zu Glückstadt – Ein Kommunalkrimi

2019

Im Auftrag der Detlefsen-Gesellschaft

herausgegeben von Christian Boldt und Norbert Meinert

Das Erscheinen dieses Bandes wurde ermöglicht durch die finanzielle Förderung unserer Sponsoren:
Christian Boldt
Familie von Pentz

Bibliografische Information der Deutschen Nationalbibliothek: Die Deutsche Nationalbibliothek verzeichnet diese Publikation in der Deutschen Nationalbibliografie; detaillierte bibliografische Daten sind im Internet über www.dnb.de abrufbar.

Redaktionsadresse:
Christian Boldt M.A.
An der Au 11, 25376 Borsfleth

Layout und Satz: Claudia Boldt
Herstellung und Verlag: BoD – Books on Demand, Norderstedt
ISBN: 9783748167075

Inhalt

Inhalt

Vorwort

Liebe Freundinnen und Freunde der Detlefsen-Gesellschaft,
im Glückstädter Rathaus hängt seit Ewigkeiten ein monumentales Reitergemälde.

Es hängt dort so lange, dass es kaum einer noch wahrgenommen hat. Dieses Schicksal teilen viele Kunstwerke in öffentlichen Gebäuden wie zum Beispiel in Schulen, Rathäusern und Amtsverwaltungen.

Wo kommen die Gemälde, die dort hängen, her? Welche Geschichte steckt dahinter? Seit einigen Jahren haben Bilderrückseiten zunehmend an Bedeutung gewonnen, seit die Provenienzforschung – die Suche nach früheren Besitzern und den Umständen von Eigentümerwechseln – zu einem eigenen Forschungsgebiet geworden ist. Die Geschichte eines Bildes endet nicht auf dessen Schauseite. Die Hamburger Kunsthalle hat das schon 2004 in einer Ausstellung verdeutlicht: Während auf der Vorderseite eines Gemäldes Kunstgeschichte gezeigt wird, erzählen vor allem die Keilrahmen die Geschichte des Werks nach seiner Entstehung. Hier finden sich Galerie- und Ausstellungsaufkleber, Katalognummern und Besitzerhinweise – manchmal sogar, wie im Fall eines Van-Gogh-Gemäldes, das Christie's im Juni 2017 versteigert hat, ganze Literaturhinweise bis hin zu Seitenangaben.

Den Gefallen hat das Reitergemälde Ruth Möller nicht getan. Auf der Rückseite befand sich kein Hinweis. Die Autorin musste haufenweise Akten durchsuchen und aufwendig recherchieren. Es hat sich gelohnt wie wir finden. Überzeugen Sie sich selbst und achten Sie einfach mal auf die Wände in öffentlichen Gebäuden – es lohnt sich.

Borsfleth im September 2019   *Die Herausgeber*

Die Geschichte des barocken Reiterportraits im Rathaus zu Glückstadt – Ein Kommunalkrimi

Ruth Möller

Franz Michaelsen gewidmet

Das frisch restaurierte barocke Reiterporträt im Foyer des Glückstädter Rathauses (Foto: Detlefsen-Museum, 2017).

Teil 1

König Christian IV. (1577–1648) und „sein" Rathaus in Glückstadt, 1642

Etwa 25 Jahre „ab urbe condita", seit Gründung der Stadt, 22. März 1617, waren schon vergangen, als Ihre Königliche Majestät Christian IV. von Dänemark und Norwegen durch Ihren holländischen Baumeister Willem van Steenwinkel 1642/43 das Glückstädter Rathaus erbauen ließ. Im Stil der holländischen Spätrenaissance mit roten Ziegeln, grauem Sandstein-Zierrat und rückwärtigem Treppenturm ähnelte es dem Schloss Glücksburg am Außenhafen und den königlichen Bauten in Kopenhagen. Es soll den Bürgern vom König und dessen Schwiegersohn direkt „aufgenötigt" worden sein.[1] Reichsgraf Christian v. Pentz[2], Ehemann der Königstochter Sophie Elisabeth von Schleswig-Holstein, war hier als Vertreter des Königs eingesetzt. Er nannte sich „Gubernator", Lenker. Kurz nach dem milden Frieden von Lübeck (1629), als die junge Stadt durch Wallensteins Belagerung und Hochwasser verelendet war, sollte er hier den Elbzoll einführen, mit dessen Hilfe Gräben, Wälle, Mauern und Bollwerke der Festung verstärken, die Stadt mit gesellschaftlichen Strukturen versehen und zur prachtvollen Residenz ausbauen. Wer sich niederlassen durfte und wer nicht, bestimmte der Gubernator, er teilte Grundstücke zu, schloss Verträge, stellte Handwerker und Künstler ein, behielt den Blick aufs Ganze. War der König anwesend, regierte dieser die Stadt selbst. Seine strategische Absicht war, hier an der Elbe ein Gegengewicht zu Hamburg und einen Stützpunkt für dänische Südexpansion nach Niedersachsen zu schaffen.

Ecke Hafen/Süderfleth gab es seit 1620 schon des Königs erstes Stadthaus mit dem Weinkeller, seit 1631/33 auch das Schloss Glücksburg, das Wohnhaus für Frau Wibeke Kruse (erhalten der Treppenturm Am Hafen 40) und das Palais für den Gouverneur (das heutige Brockdorff-Palais Am Fleth 43). Da fehlte noch immer ein Rathaus! Bürger hatten in der Festung wenig zu melden und an einem Rathaus wenig Interesse.

---

1 *Gerhard Köhn: „Rathaus und Ratskeller in Glückstadt/Die Umgestaltung der Rathausfassade unter E. G. Sonnin" in: Stb. Jb. 1999, S. 91–104.*

2 *Ruth Möller: „Christian von Pentz. Das rätselvolle Leben des Glückstädter Gubernators Christian Reichsgraf von Pentz (1610–1651). Sonderpublikation der Detlefsen-Gesellschaft zum Stadtjubiläum 2017.*

13

Das ehemalige Wohnhaus des Christian von Pentz und heutige Detlefsen-Museum Glückstadt (Foto: Detlefsen-Museum).

Der Rat tagte in der Wohnung des Bürgermeisters. War der König in Glückstadt, regierte er die Stadt selbst. Nach Meinung „Ihrer Hochgräflichen Exellentz des Herrn Gubernatoren" wäre ein Rathaus aber „nicht alleine eine vornehm Zier und ehr, sondern auch ein necessarium einer wol bestelten Stadt".[3] Er selbst benötigte das Rathaus vordringlich als Versammlungsort für die von ihm 1642 erneuerte „Brand- und Schützengilde". Man findet deshalb das Rathaus zu Glückstadt in frühen Stadtplänen auch als „Gildehaus" benannt, vergleichbar mit „Guildhall", dem Rathaus der City of London.[4]

Die Finanzierung des Neubaus von zuletzt etwa 9000 Reichstalern machte dem Grafen viel Mühe und Ärger. Ihren Anteil von 1000 Reichstalern wollten die Bürger nicht zahlen, schließlich hatten sie sich wegen der Privilegien in diese Schlick-Stadt locken lassen. Er selbst ging mit

3   *Franz Michaelsen: „Von der Erbauung des Rathauses" – In: Glückstadt im Wandel der Zeiten, Bd. 2, 1966.*

4   *Gerhard Köhn/Franz Michaelsen: „Die Glückstädter Adelspalais"in: Glückstadt im Wandel der Zeiten Bd. 3, 1968, Seiten 275–282.*

gutem Beispiel voran. Im Schloss, legte er ein Heftchen aus, in das hochgestellte Besucher, Offiziere und Beamte, die zu Audienzen kamen, eine Spende eintragen sollten, und zeichnete als Erster 50 Reichstaler. Besucher erhöhten die Spendensumme schließlich auf etwa 300, die Bürger mussten 2000 Reichstaler zahlen, die schleswig-holsteinischen Ämter brachten 4400 Reichstaler auf, den Rest bezahlte der König. Man sagt, der König habe den Glückstädtern ihr Rathaus geschenkt.

Man betrat das Hochparterre vom Markt aus über eine doppelläufige Freitreppe, wie heute. Von dort gelangte man in die Ratsstube, die Achtmännerstube, die Gerichtsstube und das Arrestlokal. Auch zwei Schulklassen waren hier stationiert. Wo heute der Anbau mit dem Hinterausgang ist, war der Schulhof. Auch die Gilde trat dort an. Der Gilde-Saal nahm die ganze Mitte des Oberstocks ein (nach Detlefsen), und wer dahin wollte, stieg vom Schulhof im Turm die Wendeltreppe hinauf. Im Kellergeschoss repräsentierte der Ratsweinkeller. Auch gab es dort Wohnungen für Personal.

Als ein Jahr später die Schweden ins Land einfielen (Torstensonkrieg 1643–1645) und die Umland-Bevölkerung in Panik mit Sack und Pack hinter die Glückstädter Festungswälle floh, behielt der Gubernator die Nerven und gab den Leuten zu tun.[5] Er gründete 1644 das Bürgermilitär, bewaffnete es, teilte es in vier Kompanien ein und ließ es exerzieren. Wenn die Garnison zu Einsätzen ausrücken würde, sollte das Bürgermilitär den Wachdienst in der Festung versehen, außerdem bei Sturmflut und Brandfällen Katastrophenschutz leisten, im Winter die Festungsgräben eisfrei halten und bei Anwesenheit hoher Herrschaften paradieren. Die Waffen des Bürgermilitärs bekamen zu sieben Reihen in der Rathaus-Diele ihren Stellplatz.

Aus diesem „verordneten Gildehaus" ist uns ein ungewöhnlich großes Schlachtengemälde überliefert, 4 m breit und fast 2 m hoch, das aussieht, als wäre es als Schmuck für den großen Festsaal von Gilde und Bürgermilitär gemalt. Es zeigt einen beinahe mannsgroßen Reiter auf feurig aufsteigendem Ross unter drohenden Wolken am bewegten Himmel in hügeliger Landschaft mit Bäumen, einer hohen Burg in der Ferne sowie mit Ausläufern einer Bastion im Vordergrund. In Pulver-

---

5 *F. C. Rode: Kriegsgeschichte der Festung Glückstadt, Bd. I, Glückstadt 1940, S. 94/95.*

Ritter Markwart (Marquard) von Pentz. Reitergemälde aus dem Rathaus in Glückstadt.

dampf marschiert mit Trompetenschall allerlei Kriegsvolk auf. Am linken Bildrand stehen vor Baum und Gebüsch zwei Männer, die man für Schlachtenbummler hielt. Die untere rechte Ecke füllt ein weißes Feld, das die Inschrift trägt:

> *Herr Marquard Pentz, Ritter, Oberster zu Roß und Fueß*
> *auff Warlitz und Neudorff, Gouverneur zu Wolfenbüttel,*
> *starb daselbst Anno 1627, den 27. Feb."*

Auf dem Boden der Bastion im Vordergrund prangt die große schwarze Zahl 1648, und neben dem Kopf des Reiters rechts wie links steht in ebenso schwarzer Schrift der rätselhafte Spruch „viuo – o morto". Seinen Namen hat der Künstler nicht verzeichnet. Zu welcher Zeit und zu welchem Anlass er das Gemälde für welchen Auftraggeber gemalt hat, wer die Zusätze eingefügt hat, was sie bedeuten und schließlich, wie das Kunstwerk ins Rathaus gekommen ist, das geriet in völlige Vergessenheit und wurde im beginnenden 20. Jahrhundert für Glückstädter zum großen Rätsel!

Vom alten Rathaus und dessen Bildschatz im neuen, 1872

Das Rathaus Christian IV. auf dem noch weichen, erst kurz zuvor ein-
gedeichten und trotzdem mehrfach überfluteten Marschboden war
nicht gegründet. Der hintere Treppenturm musste, wie auch alle anderen Treppentürme in Glückstadt, bald niedergelegt werden. Nur der
Wiebke-Kruse-Turm hält bis heute aus und dient uns als willkommenes
Beispiel der Bauweise der Zeit von „Kong Krischan feer". Ohne Treppenturm kein Zugang zum Gildesaal im Oberstock, der doch für den
Gubernator das Allerwichtigste gewesen war! Spätere Glückstädter ver-
legten darum den Zugang nach vorn auf den Markt. Die Stufen der Freitreppe zum Hochparterre rissen sie ab und bauten eine höhere zum 1.
Stock, die, um nicht zu steil zu geraten, breiter ausladen musste. In der
Mitte darunter schlugen sie zur Stütze einen dritten Schwibbogen ein.
Damit war das anmutige Rathaus Willem van Steenwinkels total ver-
schandelt. Den Zugang zum Hochparterre ermöglichte von jetzt ab eine
kleine „Schauertreppe" auf der Rückseite, die man sich als überdacht
vorgestellt hat.

Ein Glück, dass die vordere Monstertreppe auch mal wieder bröckelig
wurde! Gerade, als das unangenehm auffiel, errichtete der Kirchenbau-
meister Sonnin, Erbauer des Hamburger „Michel", die St. Bartholomä-
uskirche in Wilster (1775/81). Zur Rast auf dem beschwerlichen Weg
dahin mag er mehrfach hier im Ratskeller eingekehrt sein. Als er mit
dem Auftrag betraut wurde, das Treppen-Ungetüm vor dem Rathaus
zu restaurieren, gelang es ihm, den Magistrat zum Abriss und zu einem
Neubau zu überreden, der nicht teurer würde als die Reparatur. Sonnin beschreibt die Treppe am Markt als „eine hohe, steile, breite mit
Ruheplätzen nicht unterbrochene Treppe, die das halbe Rathaus bede-
cket und ihm vieles von seinem Ansehen nimmt". Mit einer Freitreppe
in den ursprünglichen Ausmaßen am Markt, nur zum Hochparterre,
stellte er die richtigen Proportionen wieder her. Als Zugang zum Oberstock, jetzt wieder hinten, ließ er eine „inwendige Treppe" einbauen.[6]
Die obere vordere Haustür führte ohne Monstertreppe von innen her

---

6   *Gerhard Köhn: Rathaus und Ratskeller in Glückstadt. Die Umgestaltung der*
    Rathausfassade von E.G. Sonnin, in: Steinburger Jahrbuch 1999, S. 91-104 und
    Hans-Reimer Möller: Anmerkungen zur Umgestaltung der Rathausfassade (G.

Das Glückstädter Rathaus vor dem Abriss, um1870 (Abb.: Stadtarchiv Glück-
stadt).

nun gefährlich in den Abgrund. Sie bekam aber eine angemessene neue
Funktion: Als Balkontür! König Christian VII, „der Siebende" (1749–
1808), der bedauernswerte Kranke, der Struensee zum Gegenpart be-
kam, schenkte der Stadt ein gebrauchtes Balkongitter vom Gebäude sei-
ner Regierungskanzlei, dem Wasmer-Palais. Auf der Gartenseite (später
Schulhof der Bürgerschule, jetzt Wohngebiet „Palaisgarten") glaubten
Betrachter verstrichene Ansatzstellen der Metallträger eines früheren
Balkons noch kürzlich zu erkennen.

Hundert Jahre nach Sonnin musste das schöne Renaissance-Rathaus
König Christian IV. alias Pentzens Gildehaus in Gänze abgebrochen
werden (1872), ein Verlust, den der junge Gymnasiallehrer Detlef Detlefsen (1833–1911) als schmerzlich empfand. Weil dieser weitgereiste
Philologe und Archäologe auch Stadtverordneter war, konnte er durch-
setzen, dass die Fassade des neuen Gebäudes mit den alten Schmuck-
elementen an gleicher Stelle fast gleichartig wieder aufgebaut wurde. Es
war die Ära des geschichtlich interessierten Bürgermeisters Hermann
von Graba, an dessen Amtszeit 1864–1876 hier ein Straßenname am
nördlichen Stadtrand erinnert. Graba betraute mit der Arbeit den Hamburger Architekten Eduard Hallier (1836–1889)[7], der – so wie Detlef-

Köhn), in: *Vorträge der Detlefsengesellschaft zu Glückstadt, Bd. 3, Glückstadt*
2000, S. 84..

7   *Erbauer repräsentativer Etagenwohnhäuser im Renaissancestil sowie Kontor-*
und Speicherhäusern in Hamburg, die dem Feuersturm der Operation Gomor-

sen – ein „Romfahrer" war. Beide hatten um 1860 zum Freundeskreis der Colonna-Gesellschaft von Künstlern und Wissenschaftlern am Archäologischen Institut Rom gehört. Über Hallier in Glückstadt und den Fortgang der Arbeiten am neuen Rathaus berichtet Detlefsen brieflich einem dritten „Romfahrer", dem Freund Hermann Allmers, Großbauer in Rechtenfleth/Weser, Autor der Reisebeschreibung „Römische Schlendertage". Er schreibt: „Dass ich jetzt öfter einen alten Romfahrer bei mir sehe, den Architekten Hallier aus Hamburg, habe ich Dir wohl schon geschrieben. Wir haben nämlich unser Rathaus bis auf den Grund niedergelegt und bauen es im alten Stil wieder auf. Hallier leitet den Bau, der in der Tat eine wahre Zierde des Marktes zu werden verspricht, Ziegelrohbau mit Sandstein in Renaissanceform … Es macht sich vorzüglich, … Es hat unter anderem den historischen Wert, eins der letzten Renaissancegebäude zu sein, die während des 30jährigen Krieges und der folgenden Zeit errichtet wurden; es stammt aus dem Jahre 1642".[8]

Leider hat Hallier im Gegensatz zu Sonnin keine Bauakten hinterlassen. Wurde der Neubau nun gegründet oder nicht? Architekt Rolf Walzel äußerte anlässlich der Fassadensanierung 2014 über die Gründung von 1872/74, er vermute ein Fundament aus Ziegelsteinen und Mörtel, angelegt von 50 cm auf 1,20 m in der Tiefe, das den Druck auf die Fläche verteilt.[9]

Heutige Glückstädter nehmen das neue Rathaus ganz für das alte, danken Detlefsen für die Stilberatung des Architekten und noch mehr für eine dazugehörige Überlieferung.

---

rha im Bombardenment der Royal Airforce vom 24 bis 3. August 1943 zum Opfer fielen.

8 *Koop, Rudolph (Hrsg.): Hermann Allmers und Detlef Detlefsen. Briefwechsel, Hamburg 1959, S. 70.*

9 *Glückstädter Fortuna vom 29.04.2014.*

Fundsache Gemälde: Reiterportrait eines Unbekannten, 1872

Beim Abriss des alten Rathauses fand man das Pentzbild im Oberstock „in einem Gange nach hinten heraus"[10], was besagt, dass es als Kulturgut „abgesunken" war, nicht nur im Lauf vieler Jahrzehnte unansehnlich geworden, auch zu den Saal-Benutzern ohne Bezug. Ein Fall für Detlefsen! Es ist nicht anders denkbar, als dass der Gymnasiallehrer, wenn er das Erscheinungsbild des Renaissance-Rathauses erhalten wissen wollte, sich ebenso für das barocke Kunstwerk im Inneren verantwortlich gefühlt haben muss. Hier im Gebäude unterrichtete sein Vater als Knabenlehrer, in diesen Räumen samt Interieur fühlte, kannte er sich aus. Inzwischen war er auch intimer Kenner der Bildenden Künste. Lebenslang hielt er Kontakt zu Freunden der römischen Tischgemeinschaft „Colonna", u. a. zum Wagner-Portraitisten Cäsar Willich, zum Oldenburger Hofmaler Ernst Willers und zum geistreichen Otto Knille, Historienmaler der Welfen in Braunschweig (dann der Hohenzollern in Berlin). Vertraut waren ihm auch der Schleswiger Holzschnitzer Magnussen und der Architekt Tiede, Nachfolger Friedrich Schinckels in Berlin. Kurz kombiniert: Wer, wenn nicht er, sollte Interesse gehabt haben, den vertrauten altertümlichen Schatz für den Neubau sicherzustellen? Den dargestellten Reiterobersten und dessen Stellung in der Landesgeschichte kannte selbst er nicht. Offenbar ging es ihm bei der Rettung des Gemäldes nur um künstlerischen Wert.

In Rom vom „archäologischen Fieber" infiziert, mögen Detlefsen und Hallier das Reiterportrait auch als eine Art „Grabungsfund" betrachtet haben, als höchst willkommenen repräsentativen Schmuck für den Rathausneubau, der in der Darstellungsweise früherer Jahrhunderte von Glückstadts Bedeutung in der Weltgeschichte erzählt: Ein Zeitzeugnis, ein heimatkundliches Anschauungsobjekt, ein Andenken, ein Lehrmittel zum Thema 30jähriger Krieg! Und kostenlos dazu! Schließlich war der Stadtgründer und Rathausbauherr innerhalb hoher Kommissionen mit dem Aushandeln von Teilfrieden befasst, spielte im Dänisch-Niedersächsischen Teilkrieg die Hauptrolle, und als Gouverneur Pentz die

---

10 *Rudolph Halling: Schloss und Amt Steinburg und seine Amtmänner, 1911, S. 175.*

Elbmarschen im Torstensonkrieg 1643/45 zu verteidigen hatte, war das Gouverneurspalais das Hauptquartier.

Im Einvernehmen mit Landeskonservator Richard Haupt (1846–*1940*) brachten Detlefsen und Hallier das Kriegsandenken bei der Neugestaltung des Rathauses zu angemessenen Ehren: Sie bauten das neue Gebäude um das ehrwürdige Gemälde aus dem alten drumherum! Seither prangt es an prominenter Stelle jenseits des zweiläufigen Treppenaufgangs an der Stirnwand der oberen Halle. Im Pentzschen Reiterportrait ist das neue Rathaus Detlefsens mit dem alten Rathaus König Christians zusammen verklammert.

Die Provinzial-Regierung verfügt die Restaurierung, 1904[11]

In den Jahren 1902–1911 gehörte zur Provinzial-Regierung in Schleswig der Land-Bauinspektor Architekt Kuno v. Pentz (1857–1936), gebürtig aus Neustrelitz, ab 1917 Geheimer Baurat bei der Regierung in Potsdam.[12] Markwart Pentz und die jüngere mecklenburgische Linie, zu der der Architekt gehörte, haben einen gemeinsamen Stammvater in Ulrich IV. (gest. nach 1422), Ritter und Rat (?) zu Redefin, Baron (?), Voigt zu Gadebusch.[13] Bei einem privaten oder dienstlichen Besuch in Glückstadt muss er seinen abgebildeten Verwandten in einem vernachlässigten, unwürdigen Zustand erblickt haben. Ehe das Gemälde in Glückstadt aus Geldmangel und Desinteresse verlotterte, hoffte er, es in die Familienobhut bringen zu können.

Es war inmitten der Dienstjahre (1891–1925) des Bürgermeisters Rechtsanwalt Rudolf Brandes (1859–1941), als ab 1904 die Schleswiger Provinzialregierung im Rathaus zu Glückstadt für Aufregung sorgte. Ein Schreiben an den Magistrat enthielt die Verfügung, das Gemälde im Rathaus müsse restauriert werden. Unterschrift: v. Pentz, Landbauinspektor. Er forderte den Magistrat nicht nur auf, die Instandsetzung

11 Stadtarchiv, Akte A1b26 Nr. 1320, 1907–1929: „Ölgemälde in der Rathausdiele".

12 https://de.wikipedia.org/wiki/Kuno_von_Pentz (abgerufen 11.07.2019).

13 Brief vom 5. Februar 1905. Markwart Pentz gehörte nicht der jüngeren mecklenburgischen Linie mit Stammvater Ulrich IV. an, sondern der dänischen (gräflichen) Linie (Haus Neudorf) mit Stammvater Jasper, den das Epitaph im Dom zu Lübeck ehrt.

beschließen zu wollen, er nannte auch gleich den einzig in Frage kommenden Restaurator, den, der auch für Pflege der Gemälde auf Schloss Gottorf zuständig war: Provinzial-Konservator Kunstmaler Hans Hampke, Schleswig. Sollten die Gremien kein Interesse daran haben, das Gemälde durch einen künstlerisch sachverständigen Maler wieder instandsetzen zu lassen (eine andere Behandlung würde den Ruin zu Folge haben), so bäte er dringend, schrieb Herr v. Pentz, dass es seiner Familie wieder zugestellt würde, für die es von großem Wert sei. Ob Glückstadt überhaupt der rechtmäßige Besitzer wäre? Da Graf Christian keine Nachfahren hatte, so argumentierte der Bauinspektor, gehörten er und seine Linie inzwischen zu den verwandtschaftlich am nächsten Stehenden, denen es als Erbe zukommen würde.

Das Gute an kommunalen Friktionen ist: Es erwächst daraus ein „Vorgang", der später der Geschichtsforschung dienen kann, hier die Akte 1320 „Ölgemälde in der Rathausdiele". Sie besteht aus vielen handgeschriebenen Briefen, sowohl Kladdenentwürfen als auch in Schönschrift, und zwei Telegrammen.

Nachdem der Magistrat wohl oder übel die Restaurierung beschlossen hatte, informierten Landbauinspektor v. Pentz und der Geheime Regierungsrat Mühlke den Provinzial-Konservator darüber, dass in Glückstadt „ein größeres Gemälde im Rathaus restaurierungsbedürftig" sei. Daraufhin nahm Hampke mit dem Magistrat Kontakt auf, um einen Besichtigungstermin zu vereinbaren. Zur Reise nach Glückstadt musste der Vielbeschäftigte einen Sonntag opfern und den Bürgermeister zur Beratung von zu Hause abholen, Adresse Turmhaus Am Hafen 40. Beim Bürgermeister fand er eine „freundliche Aufnahme" und bekam eine „liebenswürdige Führung". Herr Brandes verhandelte über „Aufziehen des Bildes auf neue Leinwand und Säuberung", verzichtete aber aus Kostengründen auf „Wiederherstellung" (der Unterschied wird aus den Unterlagen nicht klar). Die Stadt war arm, hohe Ausgaben in dieser unvermutet aufgetauchten Angelegenheit waren ihr nicht zuzumuten.

Lange bleiben konnte Herr Hampke nicht! Wenn er demnächst in Itzehoe zu tun haben würde, wollte er noch einmal wiederkommen. Mit dem Auftrag, ein Gutachten zu erstellen und zusammen mit der Kostenberechnung herzuschicken, reiste er wieder ab. Als er aber von seinen auswärtigen Einsätzen nach Schleswig zurück kam, fand er aus

Glückstadt einen Absagebrief vor. Die Glückstädter wollten versuchen, im Laufe des Sommers die erforderlichen Maßnahmen von „hiesigen Kräften" durchführen zu lassen. Eine auswärtige Dame, die für solche Tätigkeiten sehr gelobt werde, erböte sich rein aus Interesse an der Sache, sehr sensibel mit dem Gemälde umzugehen. Um Geld ginge es ihr nicht! – „Hiesige Kräfte" – ein Schreckenswort! Es veranlasste Bauinspektor v. Pentz, seinen Chef, den Oberpräsidenten v. Dolega-Kozierowski, einzuschalten mit der Bitte, das Wirken von Laienkräften am Gemälde zu verbieten. Vom Präsidialamt ging daraufhin die Anweisung ein, ohne Genehmigung des Oberpräsidenten dürfe am Bild nichts verändert werden. Unterschrift: i. V. v. Maltzahn, Oberregierungsrat. So hat zweierlei alter Adel aus Mecklenburg die „hiesigen Kräfte" gestoppt!

Landesrestaurator und Landeskonservator werden Gutachter

Hans Hampke schreibt: „Wiederherstellung des Gemäldes von Marquard Pentz.

Das Gemälde ist 1627 gemalt, 4 mtr. lang und ca. 2 mtr. breit und stellt den Marquard Pentz hoch zu Roß in einer Landschaft dar. – Leider befindet sich dieses Gemälde in dem denkbar schlechtesten Zustand, und zwar wesentlich deshalb, weil unkundige Hände das Bild mehrmals behandelt haben, wodurch gleichzeitig eine fachgerechte Restauration sehr erschwert und wesentlich verteuert wird. – Farbe, Malgrund und Leinewand sind im Laufe der Zeit brüchig und mürbe geworden und es sind daher viele größere und zahllose kleinere Stellen der Farbe und des Malgrunds abgesprungen. Um diesen Schaden zu verdecken und um dem Bilde wieder Frische zu geben, hat man zweimal das Bild mit braunem Ölfirnis übergeölt, wodurch erstens das Bild eine andere Farbwirkung erhalten hat und zweitens die schon brüchige Leinwand infolge Durchdringens des Öls noch härter und brüchiger geworden ist. – Verschiedene Löcher und Risse, namentlich am rechten Arm des Ritters sind ebenfalls von unkundiger Hand hinten mittels aufgeklebter Flicken notdürftig zugemacht.

Bei der eventuell beabsichtigten Restauration sind zunächst soweit noch angängig diese Misshandlungen, denen das Bild ausgesetzt gewesen ist, zu beseitigen, die Flicken müssen sämtlich entfernt, das Ölfirnis auch aus der Leinewand herausgezogen und soweit angängig auch von der Bildfläche mittels chemischer Auflösung entfernt werden. Dann ist das Gemälde fachgerecht und zweckentsprechend zu rentoilieren. Zu diesem Verfahren sind Spannvorrichtungen und große Tafeln sowie eine eiserne Walze unentbehrlich, deren Neuanschaffung, falls das Bild in Glückstadt restauriert werden sollte, mehrere hundert Mark erfordern dürften. Ferner ist ein neuer zweckentsprechender Keilrahmen anzufertigen, auf den das Bild gespannt wird. Von der Absicht, das Bild dort restaurieren zu lassen, kann ich nur abraten, weil die für eine sachgerechte Restauration erforderlichen unentbehrlichen Apparate alleine die Restaurationskosten überschreiten, ganz abgesehen von den übrigen Kosten. Ferner ist die Technik der Restauration so schwierig, daß nur ein als Restaurator ausgebildeter Künstler eine derartige Arbeit fachgemäß ausführen kann, andernfalls dem Bild weiter geschadet wird.

Kosten: Mk
1. neuer Keilrahmen: 30
2. Rentoilieren – auf neue Leinwand ziehen: 180
3. Auflösen des Öles: 135
4. Ausbessern der Löcher und Ergänzen der Fehlstellen:185
Zusammen: 530.“

Als das Gutachten des Landesrestaurators vorlag, wurde vom Oberpräsidenten der Landeskonservator, Gymnasialoberlehrer Prof. Dr. Richard Haupt alarmiert, um den Zustand des Bildes und die Angemessenheit der Kostenberechnung zu beurteilen. Dieser, ein Berufskollege Detlefsens, ist Verfasser des mehrbändigen Standardwerks „Die Bau- und Kunstdenkmäler der Provinz Schleswig-Holstein“, in dessen 2. Band 1888 auch das neu-alte Glückstädter Rathaus aufgenommen worden ist. Nach einer örtlichen Besichtigung schrieb er aus Eutin, er fände das Bild „decorativ wirksam und gut gemalt. – Unzweifelhaft bildet es, jetzt an guter Stelle eingefügt, einen schönen und bedeutsam erscheinenden Schmuck der Rathaushalle. Da es sich in ziemlich üblem Erhaltungszustand befindet und durch abscheuliche Lackierungen entstellt ist, so wäre es sehr wünschenswert, und ebenso den Eigenthümern, wie den Angehörigen des Hauses Pentz zu empfehlen, dass sie die rechten Mittel ergriffen, um die Sicherung und Wiederherstellung des interessanten Bildes zu erzielen." Prof. Haupt hob besonders den Bildungswert der Nebendarstellungen im Hintergrund hervor, gab Ratschläge zur Finanzierung, auch in Etappen, und meinte: „Die Hoffnung ist nicht aussichtslos, dass die Familie selbst, vielleicht auch Provinz und Kreis Anteil an der Aufgabe nehmen möchten, die 600 M beizeiten zusammen zu bringen." Allerdings staatliche Zuschüsse seien nicht zu erwarten, so groß sei das öffentliche Interesse nicht. Dass der Restaurator sich schon zu Anfang von Bürgermeister Brandes auf eine Summe hatte festlegen lassen, bemängelte der Landeskonservator als in der Branche nicht üblich.

Wer ist der Reiter? Recherche der Stadtväter[14]

Bürgermeister Rudolf Brandes war kein Banause, im Gegenteil, selber ein Vertreter der Hochkultur, wahrscheinlich aufgewachsen mit Kindern des Fürsten von Schaumburg-Lippe in Schloss Bückeburg, wo sein Vater evangelisch-reformierter Oberhofprediger gewesen war. In seiner Wohnung im Turmhaus hatte er selber Ahnen-Portraits in Ölmalerei an den Wänden zu hängen. Nachdem sein kränklicher Sohn um 1985 im Hause verstorben war, ließ der derzeitige „Stadthistoriker", Museumsleiter Möller, mit Erlaubnis der Pfleger und Vormunder (?) namens Zeiske die prachtvollen Ganzkörperportraits des Ehepaares ins Detlefsen-Museum bringen. Zwei oder drei Gemälde im Hause stellten eindeutig prominente Bückeburger Vorfahren des Glückstädter Bürgermeisters dar. Nach dem bei Archivaren herrschenden Provenienzprinzip gehörten sie nicht in eine hiesige Sammlung. Während der Osterferien 1985 ließ der Museumsleiter, Sonderschulrektor von Beruf, sich im PKW seiner Ehefrau mit ihnen nach Bückeburg chauffieren, damit sie dort nach Herkunft und Entstehungs-Zusammenhängen sinnvoll eingeordnet würden.

Brandes tat sein Bestes, den städtischen Gremien Wert und Bedeutung des Reiterportraits darzustellen. Doch ehe der Magistrat sich auf dieses finanzielle Abenteuer einließ, wollte er wissen, wer der abgebil-

14 *Akte 1320 (1904–1913).*

25

dete Marquard Pentz wäre und ob er überhaupt etwas mit Glückstadt zu tun gehabt hätte. All die Jahrzehnte und Jahrhunderte war die Identität des Reiters nicht von Wichtigkeit gewesen. Beim Namen „Marquard" dachte jeder flüchtig an Marquard Rantzau.

Zwei Gouverneure hat Glückstadt während des Dreißigjährigen Krieges gehabt, beide würdig, so großartig im Rathaus präsentiert zu werden bzw. dort die Geschichte Glückstadts zu repräsentieren. Der 1. Gouverneur, Marquard Rantzau, rettete im Kaiserlichen Krieg (1623–1629) mit Hilfe der Allerheiligenflut 1629 Glückstadt vor der Belagerung und Eroberung durch Truppen Tillys und Wallensteins. Unter dem 2. Gouverneur, Christian Pentz, diente Glückstadt nach dem Schwedeneinfall (1643–1645) als Basis für alle Truppenbewegungen im Lande und Pentz führte mit der Stadt an der Elbe als Basis einen erfolgreichen Guerillakrieg. Jetzt, 1905, waren die Glückstädter gezwungen, sich mit der Person auf dem Gemälde näher zu befassen. Sie lasen aufmerksam die Legende unten rechts und stellten fest: Beide können es nicht sein! Kein Marquard Rantzau und kein Christian Pentz! Denn wer 1627 in Wolfenbüttel verstorben ist, kann weder 1629 Glückstadt gegen die Kaiserlichen verteidigt haben noch 1643/45 gegen die Schweden.

Einige dieser Stadtväter waren gebildete Prominente, die kannten „ihren Lucht"[15], wo sich auf Seite 148 des Rätsels Lösung findet. Da heißt es, nach dem „Diarium Tychopolitanum" zitiert: „Der Vater dieses Christian Pentz war Marquard Pentz, Amtmann zu Segeberg". Das sagte genug, aber half nicht weiter. Man suchte ja lt. Inschrift unten rechts den Amtmann von Wolfenbüttel.

Um Klarheit herzustellen, musste Bürgermeister Brandes über Jahre fleißig korrespondieren oder korrespondieren lassen. Der erste Brief ging handschriftlich mit Anlagen an die Glückstädter erste geistige Instanz, „Herrn Gymnasialdirektor Dr. Detlefsen, Hochwohlgeboren, Hier, mit der ergebensten Bitte um Mitteilung, welche historische Bedeutung der Oberst Marquard Pentz … haben mag, und besonders für Glückstadt". Der Nestor der Regionalgeschichtsschreibung schickte den Brief urschriftlich mit knappen Notizen zurück und verwies kurz auf seine

---

15 Andreas Christian Lucht: *Glückstadt oder Beiträge zur Geschichte dieser Stadt und des deißigjährigen Krieges in unserem Lande, Kiel 1854.*

„Geschichte der holsteinischen Elbmarschen"[16]. Dort in Band 2 auf S. 217 berichtet er von der Verlegung des Sitzes der Steinburger Amtmänner vom Rantzau-Schloss Drage nach Glückstadt und die Übernahme des Amtes durch den Gouverneur und Festungskommandanten Christian Pentz, mit einer Ergänzung durch Fußnote 3: „Sein Reiterbild hängt noch über der Treppe des Glückstädter Rathauses."

Hier irrte Detlefsen!

„Sein" Reiterbild ist es wohl, weil er es in Auftrag gegeben und bezahlt hat, doch abgebildet ist er darauf nicht! Eine hilfreiche Aussage machte Detlefsen aber doch: „Der im J. 1627 gestorbene Marquard Pentz scheint mit Gl. nichts weiter zu schaffen zu haben."

Herr Brandes hätte beruhigt die Anweisung aus der Präsidialkanzlei zurückgehen lassen oder der Familie Pentz das Bild verkaufen können! Doch systematisch arbeitete er die Angaben der Legende weiter ab. Jetzt wandte er sich an den Magistrat von Wolfenbüttel. Die Tätigkeit eines früheren Amtmannes müsste doch Spuren hinterlassen haben, das würde man an der Forschungsstätte für Mittelalter und frühe Neuzeit mit der berühmten Herzog August Bibliothek dort wohl wissen! Der Antwortbrief kam im September 1904 vom Herzoglichen Landeshauptarchiv Wolfenbüttel und teilte dem hiesigen „verehrlichen Stadtmagistrat" mit, ein Amtmann Pentz sei in Wolfenbüttel „in auffälliger Weise unbekannt". Auch der Sterbefall vom 27. Februar 1627 war in Wolfenbüttel nicht verzeichnet.[17] So wurde zur Gewissheit: Die Aufschrift auf dem weißen Feld führt in die Irre!

Hätte der Tod des Ritters sonst noch verzeichnet sein können? Kirchenbuchforschung delegierte Bürgermeister Brandes an „Herrn Pastor Jacobsen, Hochehrwürden", den späteren Probst, der sich ebenfalls in eigenem historischen Interesse gleich an die Arbeit machte. Zuerst in Glückstadt! Im Totenbuch des Angelus Peters findet sich kein Personaleintrag Pentz. Im Taufbuch, das erst 1636 beginnt, sind mehrmals Christian Pentz, seine Ehefrau, Hofjunker und Diener verzeichnet, die

---

16 Detlefsen, Detlef: *Geschichte der holsteinischen Elbmarschen, Band II, Kapitel XXII*, Glückstadt 1892/93, S. 217, 220, 312.

17 Die gleiche negative Auskunft erteilen am 1. Oktober 2013 auch das Landeskirchliche Archiv Wolfenbüttel und am 3. Juni 2014 das Niedersächsische Landesarchiv Standort Wolfenbüttel.

gräflichen Eheleute nur als Paten. In den Registern fand sich aber eine Tarifordnung von 1633 zum Beerdigungswesen, die einen Schritt weiter half. Die Druckschrift nennt den Verfasser so: „Der königlichen Majestät zu Dennemarken Norwegen bestellter holsteinischer Rat, Amtmann auff Rendsburg und Gubernator der Festung Glückstadt". Unterzeichnet war mit „H. Christian Pentz auff Neuendorff". Wenn dieses Neuendorff identisch wäre mit dem Neudorff der Legende, ließe sich der Verdacht auf Christians enge Verwandtschaft mit Marquard erhärten. Also nahm Pastor Jacobsen Neudorff ins Visier. Zuletzt wurde er in Mecklenburg fündig. Pastor Timm aus Pritzier übermittelte ihm über das Kirchenbuchamt Warlitz in Mecklenburg-Schwerin Auszüge aus v. Meyenns „Geschichte der Familie von Pentz", II. Bd., S. 300–312, Schwerin 1900 bei Bärensprung[18]. Da haben wir gleich den ganzen kriegerischen Lebenslauf und Tod im Dienste des Dänenkönigs:

„Markwart Pentz ist der Vater von Christian von Pentz, des Gubernators von Glückstadt. An dem sog. Kalmarischen Kriege, den Dänemark gegen Schweden führt, hat Markwart rühmlich teilgenommen. Im Jahre 1611 stand er als dänischer Rittmeister vor Kalmar. Dort gelang es ihm, durch hervorragende Tapferkeit die besondere Gunst König Christians IV. zu gewinnen, wurde Ritter des Schwertordens und des Elefantenordens. Zu dieser Zeit war Markwart holsteinischer Rat und Amtmann zu Segeberg. In Mecklenburg besaß er Warlitz, Gösslow und Quast. 1625, als König Christian die Truppen des niedersächsischen Kreises, deren oberster Befehlshaber er war, zur Abwehr der anrückenden liguistischen und kaiserlichen Heere zusammenzog, zum königlichen Generalkommissar für Niedersachsen ernannt. In solcher Eigenschaft erscheint er auch wiederholt an den Hoflagern der Herzöge von Mecklenburg. In der Schlacht bei Lutter am Barenberge (27. Aug. 1626), wo der Dänenkönig von Tilly geschlagen wurde, ist der Obrist Markwart v. Pentz, Befehlshaber der dänischen Reiterei, gefallen. Markwart v. Pentz ist vermählt gewesen mit Anna Katharina v. Thienen, Claus auf Kühren im Preetzer Gutsdistrikt und der Drude Rantzau Tochter, von der ihm zwei Söhne, Christian und Balthasar sowie mindestens eine Tochter, die

---

18 F. v. Meyenn „Urkundliche Geschichte der Familie von Pentz", II. Bd., Bärensprungsche Hofbuchdruckerei Schwerin 1900, digialisiert 2007.

Christian Pentz Comte de L'Empire, Conscillier du Roy, Cheualler de L'ordre, Gouverneur de Glucstat et de pays circonvoysins Colonel.

Reichsgraf Christian von Pentz (Abb.: Stadtarchiv Glückstadt).

zweimal erwähnt, aber nicht mit Namen genannt wird, geboren worden war. Sie hat ihren Gemahl nur um wenige Jahre überlebt."

Auf die Frage, wie er es sich erkläre, dass die Schlacht am 27. August 1626 geschlagen wurde, Markwart nach der Legende aber am 17. Feb. 1627 gestorben sein soll, äußerte der Pastor die Vermutung, dass er bei

Lutter eventuell nur verwundet worden und erst später gestorben sein könnte. Anderswo liest man, er soll 1627 auf Schloss Wolfenbüttel an seiner Verwundung bzw. an einer Krankheit gestorben sein.[19]

Hat der Reiteroberst auf dem Gemälde nun etwas mit Glückstadt zu tun oder nicht? Fazit: Das Bild zeigt Markwart, den Vater des Glückstädter Gouverneurs Christian v. Pentz! Wer des Gründerkönigs Freund war, seinem eigenen Sohn dessen Vornamen gegeben hat und in Königs Diensten sein Leben verlor, ist ein Glückstädter!

Wer soll das bezahlen?

Nun war es an Bürgermeister Brandes, den Stadtvätern die Resultate der Pentz-Recherche mitzuteilen und festzustellen, wer sich an den Kosten beteiligen würde. Landeskonservator Haupt hatte doch gewisse Hoffnung verbreitet, dass „die Familie selbst, vielleicht auch Provinz und Kreis Anteil an der Aufgabe nehmen möchten, die 600 M. beizeiten zusammen zu bringen."

Brief an Landbauinspektor v. Pentz (7.11.1904):

„Wie die Ermittlungen zu ergeben scheinen, enthält die Inschrift des Bildes insofern eine Ungenauigkeit, als Derselbe nicht Gouverneur von Wolfenbüttel war und bereits am 27. August 1626 gestorben ist. Jedenfalls handelt es sich um einen Mann von geschichtlicher Bedeutung, so dass die Erhaltung des Bildes in gutem Zustand im allgemeinen Interesse liegt". Die Fehler auf der Legende erklärt er so: „Die Inschrift ist offenbar in späterer Zeit aufgetragen, um die Erinnerung daran festzuhalten, welche Person das Bild darstellt." Er beabsichtige, dem Magistrat die Instandsetzung durch den Provinzial-Restaurator Hampke vorzuschlagen. Da aber die Kosten für seine Stadt erheblich seien, wolle er weiter vorschlagen, dass der Magistrat den Regierungspräsidenten um Zuschuss aus einem Sonderfonds bitten möge, denn eine Zusage würde

---

19 Den Tod des Markward Pentz in der Schlacht bei Lutter am 27. August 1626 bezeugt Ludwig Freiherr von Holberg (1684–1754) in „Dänische Reichs-Historie", Flensburg und Altona, Bey den Gebrüdern Korte in Vollmacht, 1743. „Von den Königlichen blieben auf der Wahlstatt: der Landgraf Philipp von Hessen, der dänische Commissarius Pogwisch und andere braffe Officiers, als der General Fuchs, die Obristen Wersehn und Pentz."

die städt. Kollegien geneigter machen, die Kosten zu bewilligen. Auf die Frage an den Bauinspektor, ob er die Unrichtigkeiten der Inschrift aufklären könnte, schickte die Familie Pentz ihm die Broschüre, aus der Pastor Witt in seinem Schreiben zitiert hat. Auf das Gesuch um Beihilfe antwortete das Provinzial-Bauamt nicht, auch nicht nach mehrmaliger Wiedervorlage im Rhythmus von sechs bis acht Wochen.

Brief an den Kgl. H. Regierungspräsidenten in Schleswig durch den H. Landrat in Itzehoe (20.09.1905): „Das Gemälde hat historischen Wert, es stellt die Person des Marquard von Pentz, den Führer der dänischen Reiterei in der Schlacht bei Lutter a. B.[20] dar und gibt als Staffage eine Schlacht in einer Landschaft mit Stadt und Burgen. Es bietet so eine anschauliche Darstellung von Land und Leuten aus der Zeit des 30jährigen Krieges, bes. auch der Ausrüstung, Bewaffnung und Kampfesweise. Das Bild ist allerdings so dunkel geworden, dass Einzelheiten der Staffage zum Teil nur mit Mühe zu erkennen sind und ist die Farbe an einzelnen Stellen fort und die Leinwand mehrfach beschädigt. Ich habe die städt. Kollegien bereits auf die Bedeutung des Bildes hingewiesen und ihr Interesse an der Instandsetzung zu wecken gesucht, glaube aber, daß sie in Anbetracht der vielen sonstigen noch unerfüllten Aufgaben und in Anbetracht der Steuerlast von 220% Einkommen- und Realsteuern die zur Instandsetzung erforderliche Summe kaum zur Verfügung stellen werden. Eine Förderung der Angelegenheit ließe sich erzielen, wenn der Stadt Beihülfen aus staatlichen, provinziellen oder sonstigen Mitteln gewährt werden könnten." Jetzt fragte der Regierungspräsident bei Familie Pentz sowie beim Magistrat in Glückstadt an, welche Summe sie von den erforderlichen 530+ bereit wären beizusteuern.

Auszug aus dem Sitzungsprotokoll vom 17. 11. 1905:
Ad 1 (Tagesordnung) wird beschlossen zur Wiederherstellung des Pentz'schen Bildes in der Halle des Rathauses den Betrag von 300 Mark zu bewilligen."
Unterschriften: Brandes – Dr. A. Halling – J. J. Augustin

---

20 *Oberkommandierender nächst König Christian in der Schlacht bei Lutter war General Hans Philipp von Fuchs von Bimbach (1567–1626), der auch im Reiterkampf fiel.*

Familie Pentz lehnte in Briefen an den Präsidenten und etwa gleichlautend an Bürgermeister Brandes jede Zahlung ab. Solange das Gemälde an einem derart abgelegenen Standort wie Glückstadt bliebe, hätte die Familie kein Interesse, sich an der Finanzierung zu beteiligen, von ihnen reiste niemand jemals dahin. Ehe nun die Glückstädter das Bild zerfallen ließen oder durch unsachgemäße Behandlung weiter schädigten, würde Freiherr von Pentz auf Schloss Brandis im Königreich Sachsen das Gemälde gern kaufen. Es könnte als unveräußerliches Bestandteil seines Majorats bezeichnet und so seine Erhaltung sichergestellt werden. Marquard Pentz hätte wohl mit Dänemark und Niedersachsen, mit Glückstadt aber ja überhaupt nichts zu tun. Also könnten die Glückstädter sich für den Erlös ein anderes Bild kaufen, das die Vergangenheit ihrer Stadt besser darstelle.

In dieser Lage erfolgte ein bemerkenswertes erstes Glückstädter Bekenntnis zum Pentz-Gemälde als unveräußerlichem Zeichen für Glückstädter Identität. Brief an Herrn Baurat von Pentz, Hochwohlgeboren in Schleswig" (28.02.1906, 2. von drei Wiedervorlagen): „Euer Hochwohlgeboren erwidern wir auf das gefällige Schreiben vom 17. d. Mts. ergebenst, dass wir das Bild Marquard Pentz nicht veräußern können. Das Bild ist für Glückstadt von Bedeutung. Der Provinzial-Conservator bezeichnet es als einen „bedeutsamen historischen Schmuck des Rathauses". Marquard Pentz ist eine geschichtliche Persönlichkeit dadurch geworden, dass er in der bedeutsamen Schlacht bei Lutter am Barenberge als Reiterführer König Christians IV. fiel. Das Gemälde ist zudem noch von besonderem Interesse dadurch, dass es als Staffage eine Schlacht in einer Landschaft mit Städten und Burgen gebend, eine anschauliche Darstellung bietet von Land und Leuten aus der Zeit des 30jährigen Krieges, insbesondere auch der Ausrüstung, Bewaffnung und Kampfesweise.

Was die Frage anlangt, wie die Stadt in den Besitz des Bildes gekommen ist, so liegt kein Grund vor, die Annahme abzuweisen, dass das Bild zur Erhaltung des Gedächtnisses von Marquard Pentz gemalt und in dem Rathause der von Christian IV. gegründeten Festung untergebracht worden ist, vielleicht war es die Absicht, hierdurch gleichzeitig das vom König der Stadt geschenkte Rathaus mit einem historischen Schmuck zu versehen. In dem Rathaus ist es durch die Jahrhunderte erhalten geblieben, was vielleicht nicht der Fall gewesen wäre, wenn es in den Besitz eines Mitgliedes der Familie Pentz gelangt wäre. Jedenfalls wird der Erhaltung des Gedächtnisses an Marquard Pentz besser gedient, wenn das Bild, wie bisher an einer dem Publikum zugänglichen Stelle im Besitze der Stadtgemeinde aufbewahrt wird. Dem Interesse, welches die Herren von Pentz an dem Bilde haben, wird, wie wir meinen, durch eine gute Kopie ausreichend genügt werden können. Wir sind gern bereit, die Entnahme einer solchen im Rathause zu gestatten."

Die erste Gemälde- Restaurierung auf Schloss Gottorf, 1904/08

Am 29.5.1907 ist das Bild, bei der Landesbrandkasse versichert, in einer Spezialtransportkiste als Frachtgut abgegangen. Am 17. 6. 1907 erlaubte der Regierungspräsident die Wiederherstellung durch Firma Hampke, die von Zeit zu Zeit den Stand der Arbeit nach Glückstadt meldete. Mehrmals bekräftigte Bürgermeister Brandes die Art des Auftrags zum angegebenen Preis: „Reinigung und Aufziehen auf neue Leinwand, nicht Wiederherstellung", während die Hoffnung auf irgendwelche Zuschüsse schwand. Es beteiligten sich weder Familie Pentz noch Kreis noch Provinz. Am Ende ergab sich, dass die Glückstädter die Rechnung allein bezahlen mussten! Sie stellten 1906 300 Mark in den Etat ein und nahmen in den Etat 1907 weitere 300 Mark auf. Trotzdem ist immer von „Wiederherstellung" die Rede. Mit der frühen Vereinbarung einer feststehenden Summe bei Bürgermeister Brandes hatte der Konservator sich völlig Unwägbares auf den Hals geladen, aber es ist anzunehmen, dass er aus Interesse am Bild, wie er anfangs andeutete, werkgetreu notwendige Arbeiten ohne Berechnung geleistet haben könnte.

Bgm. Brandes las mit Freuden, dass die Arbeit einen guten Verlauf nehme. Nachdem Übermalungen und Firnis fast ganz entfernt waren, gewann das Bild ganz bedeutend. Beim Aufziehen auf neue Leinwand musste aber mehr ergänzt werden als gedacht. Während der Arbeit bat der Konservator einmal, aus Kostengründen eine Vereinfachung vornehmen zu dürfen. Zuletzt passte der alte Rahmen nicht mehr, dazu gab es per Telegramm ein kurzes Hin und Her. „Der Rahmen muss geändert werden!" – „Ja, soll auch gleich bearbeitet werden. Wie teuer?" – „68

Mark." – „Einverstanden!" Nur dem geübten Auge fällt auf, dass die beiden Seitenleisten des Rahmens ungleich lang sind.

Am 16. 2. 1908 meldete Herr Hampke die Arbeit als beendet und am 12. 5. 1908 sandte er das Bild wieder ab. So kehrte Obrist Pentz in neuer Frische wieder an seinen alten Platz in der oberen Halle des Rathauses zurück. Nachdem er ihnen viele Jahre Kopfzerbrechen abgenötigt hatte, empfingen die Glückstädter Stadtväter den uradeligen Holsteiner mit mecklenburgischem Hintergrund als alten Bekannten mit Sympathie als einen der Ihren.

Die „Wiederherstellung" war sehr gut gelungen und fand allgemeinen Beifall. Herrn Hampke wurde herzlich gedankt. Als 530 Mark plus 68 Mark angewiesen waren, war Marquard Pentz endgültig eingemeindet. Im Juni erbat Herr Hampke noch eine Zahlung für Auslagen von 28 Mark, der wohl ohne Murren entsprochen wurde.

Ob die Restaurierung erkennbar besser ausgefallen wäre, wenn Familie v. Pentz die Arbeit mit genügend Geldmitteln für eigen hätte ausführen lassen können?

Die Kopie und ihr Schicksal, 1908

Schon gleich, nachdem das Reiterportrait zur Restaurierung nach Schleswig abgegangen war, vereinbarte die Familie der freiherrlichen Linie von Pentz aus Brandis in Sachsen,[21] dass der Porträtmaler Richard Jährig aus Dresden, wenn es wieder zurück wäre, eine Teilkopie von 2 m Breite anfertigen dürfte. Seitdem hielt Herr Jährig mit Glückstadt Kontakt. Als er einmal in Stade beim Regierungspräsidenten Freiherrn v. Reiswitz zu tun hatte, fragte er an, ob das Reiterportrait schon wieder aufgehängt sei, er würde gern auf einen Sprung von jenseits der Elbe herüberkommen, um es zu besichtigen. Des Lichts wegen würde er das Kopieren im Frühjahr vornehmen, dazu setzte er eine Woche Arbeitszeit an. Der Magistrat hatte gegen das Kopieren nichts einzuwenden, stellte aber die Bedingung, das Original dürfe nicht wieder von der Wand abgenommen werden. Dass es für Jährigs Zwecke dennoch wieder abgenommen wurde, erlaubte Bürgermeister Brandes ohne weitere Rücksprachen per Telegrammwechsel mit Jährig aus seinem Urlaub auf

---

21 *Sächsische freiherrliche Linie, Haus Brandis-Zwethau.*

Richard Jährig: Bürgermeister Brandes und seine Frau, Öl auf LW (Detlefsen-Museum, Glückstadt).

Sylt. Er hatte offenbar zum Dresdener Kunstmaler ein großes Vertrauen gefasst, sodass er ihm danach auch privat einen Auftrag gab. Er bestellte ein Ganzkörperportrait von sich selbst, passend zum schon vorhandenen Gemälde von seiner Ehefrau, (beide im Detlefsen-Museum).

Zum Schluss vermeldet die Akte nach einem Gespräch mit Herrn Jährig als Neuigkeit, die Verfügung zur Restaurierung des Reitergemäldes sei vom Regierungspräsidenten v. Dolega-Kozierowski gekommen. Genau genommen erging sie durch dessen Behörde, initiiert durch Baurat v. Pentz im Verein mit Oberregierungsrat v. Maltzahn. Das ist Mecklenburger Schwertadel im Verbund. Ehre genug! Aber der Name eines Oberpräsidenten in Glückstädter Überlieferungen „schmückt ungemein".

Bürgermeister Brandes´ Argument gegenüber Baurat v. Pentz, das Bild habe hier all die Jahrhunderte besser überdauert, als wenn es in Familienbesitz gewesen wäre, war sicher kämpferisch überzogen, aber wie recht er hatte, zeigt das Schicksal der Kopie. Der jetzige Vorsitzende des Pentzschen Familienverbandes, Kerstan v. Pentz, Bad Münder, teilt mit: „Freiherr Friedrich von Pentz hatte zwei Töchter und drei Söhne. Ein Sohn erbte Schloss Brandis, der zweite erwarb Schloss Zwethau bei Torgau. Als in den Dreißigerjahren Schloss Brandis aufgegeben werden musste, ging das Pentzbild mit anderen Wertsachen nach Zwethau. Leider wurde Schloss Zwethau zum Ende des 2. Weltkriegs durch Kriegshandlungen schwer beschädigt und zerstört. Was noch in Ordnung war, wurde geplündert. Für Bilder hatte in dieser Zeit keiner einen Gedanken über, es ging um das nackte Überleben. Der letzte Besitzer auf Schloss Zwethau, Frhr. Walther von Pentz, hat in einem Schreiben an seine Familie von den großen materiellen Verlusten berichtet und auch die verschiedensten Gemälde erwähnt, u. a. auch dieses Bild."

Freuden und Leiden der ersten Gemälde-Interpretation, 1960/61

Der Glückstädter Gymnasialdirektor Detlef Detlefsen (1833–1911) ist der Nestor der Regionalgeschichtsforschung in Schleswig-Holstein nach Eingliederung in Preußen 1864. Seine Jünger und Nachfolger gründeten 1921 die Detlefsen-Gesellschaft und machten Glückstadt zur „Hochburg der Heimatkunde". Die Stadt und die Einmaligkeit ihrer Geschichte übten auf den Gymnasiallehrer Franz Michaelsen (1887–1968) eine derartige Anziehungskraft aus, dass er sich von Schleswig nach hier versetzen ließ. Wie Detlef Detlefsen vor ihm und Gerhard Köhn nach ihm ist er zu den Themen Festung, Stadt und Hafen der wichtigste Quellenforscher. Für Grundkenntnisse über ihre Wahrzeichen im Stadtbild: Kirche, Rathaus, Adelspalais, Hafenzeile etc. danken die Glückstädter ihm.

Der Pädagoge und Heimatforscher war ein „Kriegsbeschädiger", hatte im 1. Weltkrieg einen Unterschenkel eingebüßt, war ein „einfach Beinamputierter". Vom Kriegerbund aus und in ähnlichen sozialen Körperschaften setzte er sich als deren Vorsitzender bei Behörden für die Rechte der Kriegsopfer und Hinterbliebenen ein. Mit der Autorität des Vorsitzenden der Detlefsen-Gesellschaft (1959–1968) erreichte der Freund der Schönen Künste die Anbringung des expressionistischen Gemäldes „Pietá II" oder „Marienklage" von Max Kahlke als Kriegerehrung in der Stadtkirche. Viele Widerstände waren zu überwinden gewe-

36

Der Glückstädter Gymnasial-Direktor Prof. Dr. Sönnich Detlef F. Detlefsen (1833-1911). Foto: Detlefsen-Museum, Glückstadt.

Max Kahlke: Marienklage, 1927. Gemälde in der Stadtkirche Glückstadt (Foto: Norbert Meinert).

sen, denn kaum ein hiesiger Beschauer war auf die neuartige, befremdliche Malweise eingestellt! Kahlke war ein Sohn der Stadt, Kunstmaler aus alteingesessener Familie. Er hatte versucht, das ihn stark belastende Fronterlebnis des 1. Weltkriegs auf auf diese Weise zu verarbeiten und war jung verstorben.

Eine Gefallenenehrung erkannte Franz Michaelsen auch in dem barocken Reiterportrait des Rathauses, und zwar eine mit historischem Seltenheitswert! Gedenkstätten für Opfer des 2., des 1. Weltkrieges, des Krieges 1870/71 und der Schleswig-Holsteinischen Erhebung 1848 gibt es fast überall im Land, aber Glückstadt hat auch noch ein Denkmal des 30jährigen Krieges (1618–1648)! Wo gibt es das sonst noch?

Den seltenen Kunstschatz stellte Franz Michaelsen im Steinburger Jahrbuch 1961, S. 78–85 der Allgemeinheit vor, Überschrift: „Betrachtungen zu einem Glückstädter Gemälde aus dem Dreißigjährigen Krieg", Untertitel: „Portrait des Reiterobersten Marquard von Pentz". Zuerst macht der Pädagoge seine Leser mit der militärischen Lage König Christians gegenüber Tilly und Wallenstein vertraut und umreißt den Verlauf der Schlacht von Lutter am Barenberge (27. August 1626). Dann folgt der Lebenslauf des Ritters Marquard Pentz nach Auszügen aus einer kleinen Schrift, die ihm auf seine präzisen Anfragen Hans-Henning von Pentz aus Augsburg zugeschickt hat. Michaelsen schreibt: „Wir unterstellen als gewiss: Der Sohn ließ das Bild zu Ehren des Vaters malen. Leider wissen wir nicht von wcm." Vom Lebenslauf des Sohnes, Reichsgraf Christian von Pentz, berichtet er nach dem Buch „Die Amtmänner des Kreises Steinburg" des Glückstädter Sanitätsrats Dr. Rudolph Halling. Hauptsächlich entnimmt er hieraus Passagen, die uns heutigen Kleinstädtern eine Ahnung von der „übergroßen" Bedeutung des Glückstädter Gubernators und Stellvertreters des Königs verschaffen sollen. Dann folgt die genaueste Bildbeschreibung, die man sich denken kann!

Zu jeder Unklarheit hat der Kunstfreund Fachkundige befragt. Dazu musste er, wie Bürgermeister Brandes vor ihm, viele Briefe schreiben, handschriftlich oder mit der Zweifinger-Tipp-Methode auf einer der noch seltenen Schreibmaschinen. Frau Ursula Warnstedt, geb. von Pentz, teilt ihm mit, dass es sich bei dem Wappen am Brustriemen des Pferdes neben der großen Feldflasche wirklich um das Pentzsche Wappen mit dem gefleckten Löwen als Wappentier handele, hier in Miniatur, mit nur sieben statt vierzehn goldenen Tupfen. Also: Der Name auf der irreführenden Legende ist richtig: Dargestellt ist Markwart Pentz![22] An den Fahnen der militärischen Formationen stellt Michaelsen, „Meister des Spezialwissens"[23], zweifelsfrei fest, dass es sich um eine Begegnung zwischen Dänen und Kaiserlichen handelt, also um die Schlacht von Lutter am Barenberge 1626, nicht etwa um die Schlacht von Kalmar 1611, wo sich Dänen und Schweden gegenüberstanden. Der dänische Heerzug trägt als Fahne die rote Krone auf weißem Feld vor sich her, der kaiserliche den römischen Doppeladler auf gelbem Grund.

Akribisch beschreibt Kunstfreund Michaelsen die Haltung und Ausstattung von Reiter und Pferd. „Der Mann ohne Helm und Hut hat spanische Haar- und Barttracht und eine Spitzenhalskrause; er trägt einen eisernen Panzer, von dem das Licht reflektiert, die seidene Schärpe lässt die Enden im Winde fliegen. Der dänische Elefantenorden auf der Brust leuchtet. Den Feldherrenstab schwenkt er mit der rechten Hand in der freien Luft." Ross und Reiter bilden eine Einheit von so natürlicher Eleganz, als wären sie zusammengewachsen. Das ist große Malkunst, die den Studienrat an Vorbilder wie Tizian und Velasques denken lässt. Es gibt aber einen Unterschied. Hier ist es nicht so, dass sich ein beleibtes Pferd mit der Last einer beleibten Majestät zur Darstellung von Herrscherwillen und -macht auf der Hinterhand zur statischen Figur der Courbette erhebt. Sondern hier kommt, den Kopfsporn vorweg, ein edles Schlachtross angestürmt, vom Reiter lässig mit der Linken gezügelt, während die Rechte den Kommandostab schwingt. Wie begeistert den alten Lehrer das lebendige rechte Auge des Pferdes! Es sieht ihn an, wohin er sich im Treppensaal des Rathauses auch mühsam weiter bewegt.

Als es an die Deutung des Hintergrunds ging, wurde Franz Michaelsens Forscherfreude durch große Unstimmigkeiten getrübt! Wie der Glückstädter Militärhistoriker Friedrich Carl Rode[24] ihm mitteilt, bildeten die Marschkolonnen kein Kriegsgeschehen ab. Sie hätten mit der

22 *Sein althochdeutscher Vorname Markwart mit der Bedeutung „Hüter der Grenze" ist europäisiert zu Marquard.*

23 *Gerhard Köhn über Franz Michaelsen.*

24 *Autor der zweibändigen „Kriegsgeschichte der Festung Glückstadt", Glückstadt 1940.*

Schlachtordnung bei Lutter nichts zu tun! Rodes ernüchternde Meinung: Das Bild ist ohne geschichtlichen Wert! Diese Auffassung kränkte Michaelsen derart, dass er beim Heimatmuseum Wolfenbüttel um „Beistand" bittet. Immerhin sei das Gemälde Dokument eines geschichtlichen Ereignisses, zeige Uniformen, Hoheitszeichen und Waffen des 17. Jahrhunderts in einer authentischen Landschaft. Allerdings: In welcher? Michaelsen möchte eine Bestätigung seiner Annahme, rechts auf der Höhe sei die Burg von Lutter am Barenberge zu sehen, die den Protestanten als Stützpunkt diente. Ihm antwortet Dr. Friedrich Thöne vage: Ja, möglicherweise sei das die Burg von Lutter, denn auf einem zeitgenössischen Flugblatt sei eine ähnliche abgebildet. Entsprechendes findet man heute im Internet.[25] Andererseits glaubten kürzlich Mitbürger, die aus Wolfenbüttel zugezogen sind, in der Himmelslinie auf Anhieb die Türme von Schloss und Festung Wolfenbüttel zu sehen. Hätten sie recht, bekäme die irreführende Nennung „Amtmann von Wolfenbüttel" in der Kartusche einigen Sinn. Denn Schloss Wolfenbüttel diente König Christian IV. im Niedersächsich-Dänischen Krieg als Hauptquartier und „Chef des Hauptquartiers" war Kriegskommissar Marquard Pentz! Jedenfalls ist anzunehmen, dass der Auftraggeber Christian die Wirkungsstätte seines Vaters ins Bild gesetzt wissen wollte „Doch glaube man nicht", klagt der Interpret, „dass alles deutlich zu sehen sei. Auch hat das Bild durch Verdunkelung sehr gelitten."

Im Gemälde links treten zwei Personen aus dem Gebüsch hervor. In ihnen glaubt Michaelsen den Glückstädter Gubernator mit seinem Leibschützen zu erkennen, denn von einem Diriksen-Kupferstich im Museum her sind die Gesichtszüge des Grafen den Glückstädtern bekannt. „Der Vordere trägt auf dem Haupt mit schwarzer Perücke eine rote und eine weiße Straußenfeder am hohen Hut (die dänischen Farben). Sein langer dunkler Rock ist vielleicht sein Amtsgewand, aus dem der Degengriff hervorlugt, und in der linken Hand trägt er eine Hellebarde. Ihm, dem Herrn zu Fuß, folgt der Soldat mit geschulterter Muskete." Dass selbiger Herr auch etwas in der Rechten hält, erkennt Michaelsen auf dem nachgedunkelten Tableau nicht. Wohl aber fällt ihm auf, dass beide Personen aus dem Bild heraus auf den Betrachter schauen. Das dient dem Kunstkenner als Zeichen dafür, dass sie nicht Bestand-

---

25   http://www.wolfgangroehl.de/Lutter.htm (abgerufen 11.07.2019).

Ausschnitt aus dem Reiterporträt, die sog. „Schlachtenbummler".

teil der Kriegsszene sind, also am Kampf bei Lutter nicht teilgenommen haben. Man nennt sie hier inzwischen „die Schlachtenbummler". Über den Sohn auf der Darstellung des Heldenvaters muss der Interpret schwer nachdenken: „Ob damals, vielleicht kurz vor des Königs Tode und vor Pentzens Absetzung, diesem noch eingefallen war, er solle sich im Schatten seines Vaters verewigen lassen?"

Mit erkennbarem Bedauern muss Autor Michaelsen die Leser des „Steinburger Jahrbuchs" darüber informieren, dass es mit „Seiner Gräflichen Gnaden" in Glückstadt ein katastrophal unrühmliches Ende genommen hat.

Er soll beim König in Ungnade gefallen sein … !

Das wirkt für Glückstädter wie der „Reif in der Frühlingsnacht"! Der joviale Gründerkönig und sein Stellvertreter in Glückstadt gehören für sie zusammen! Nur in deren Gemeinsamkeit ist das Werden ihrer

Heimstatt denkbar. Sollen wir ungeachtet dessen von nun an etwa auf Distanz zum Gubernator gehen müssen?

Um welchen Königs Ungnade handelt es sich überhaupt? Die des alten? Die des jungen?

Der gutherzige Pädagoge Michaelsen geht so schonend wie möglich vor und sagt seinen Lesern nicht alles, was er aus literarischer Recherche zweier Glückstädter[26] Erschreckendes weiß, zumal Detlefsen zum Thema schweigt. Denkbar für Michaelsen ist nur Ungnade König Christians, und nur aufgrund der angeblich schlechten Ehe Pentzens mit Königstochter Sophia Elisabeth: „Seine Gattin hatte ihn vorher nicht angenehm, ja, sie hat ihn übel behandelt. Er geriet in Trunk, an die Weiber und in Schulden, vermutlich ist er geisteskrank geworden und ist 1651 oder 52 gestorben." Nach des alten Königs Tod habe sein Schwager Friedrich III. ihn seiner Posten in Glückstadt enthoben, ihn degradiert und nach Flensburg auf einen geringer angesehenen Posten gesetzt, was von dem holsteinischem Adel auffällig höhnisch mit den Worten „vom Pferd auf den Esel" kommentiert wurde.

Ahnte Michaelsen, dass seine Glückstädter Informanten einer Geschichtsfälschung aufgesessen waren?

Ein großes Rätsel für den Studienrat sind die späteren „Zusätze in schwarzer Farbe" aus zweiter Hand. Zu Häupten des Reiters rechts und links lesen wir den Spruch „viuo o morto" und im Vordergrund vier große schwarze Ziffern, „die einfach auf den Boden der Bastion gemalt sind", die Jahreszahl 1648. Michaelsen hält sie für das Entstehungsjahr des Gemäldes. Unbegreiflich, wie er zu dieser Vermutung kommen konnte! Gibt es anderswo in der Kunstgeschichte Beispiele dafür, dass Maler, die ihr Werk zwar nicht signierten, unbedingt aber das Jahr der Entstehung in Plakatschrift einfügen wollten? Auch dem „derb vor den Himmel" gemalten Spruch „viuo o morto" weiß er nicht beizukommen. Es ist kein Latein und auch kein Französisch. Das Romanische Institut Hamburg schreibt ihm, es handele sich um Italienisch mit der Über-

---

26 *Friedrich Glindmeier: Graf Christian v. Pentz, in: Die Heimat, August 1906, S. 187–190 und Rudolph Halling: Reichsgraf Christian von Pentz, in : Schloss und Amt Steinburg und seine Amtmänner, 1911, S. 170–176. Ihre Quelle sind die „Memoiren" des Detlef v. Ahlefeldt, die sie nicht kritisch hinterfragt haben und Akten, die (u.a.) dieser selber manipuliert hat.*

setzung „Lebend oder tot". Das deutet Meister Franz als den überkommenen Leitspruch der mecklenburgischen Familie in der Treue zum Landsmann König Christian IV.: „Lebend oder tot, ich gehöre dem Könige!"

Was die Zweckbestimmung des Gemälde betrifft, so glaubt er, es sei für das Gouverneurspalais in Auftrag gegeben. aber ins Rathaus transportiert worden, weil der gräfliche Haushalt bei der Ankunft 1648 schon aufgelöst war. Für möglich hält er aber auch, dass der Graf es beim Umzug entweder hier vergaß oder mit Bedacht dagelassen hat, um seine Nachfolger ständig an die Pentzschen Dienste für die Krone zu erinnern.

Franz Michaelsens melancholische Endbetrachtung in seinem Jahrbuch-Beitrag lautet: „So vergeht die Herrlichkeit der Welt! – Dem älteren Grafen[27] aber gebührt mit Recht dieses Denkmal, denn er fiel in seinem [des Königs] Dienst."

Zweite Restaurierung durch „einheimische Kräfte", um 1961

Bei seiner Bildbetrachtung hatte Franz Michaelsen die größte Mühe, Einzelheiten im Hintergrund zu erkennen, also kann nur er es gewesen sein, der rund 55 Jahre nach den ersten Pflegemaßnahmen durch Landesrestaurator Hampke wieder eine Erneuerungskur für das Großgemälde angemahnt hat! Ob er von der früheren Restaurierung wusste, ist nicht gewiss. Mit der Kriegsverletzung war er in seiner Fortbewegung eingeschränkt. Die Altakten der Stadtverwaltung aber lagen oben auf dem Dachboden des Rathauses unsortiert herum. Den neuen Bürgermeister Dr. Heinrich Horn (1953–1962) störte das. Er fing an, sich nach einem möglichen ehrenamtlichen Archivpfleger in der Stadt umzuhören. Dabei erlebte er wahrscheinlich herbe Enttäuschungen. Eines Tages erstürmte er zur Großen Pause das Lehrerzimmer der Stadtschule und packte mit einem großen Donnerwetter die Lehrerschaft bei der Ehre, sich als Gebildete gefälligst um die Überlieferungen der eigenen Stadtgeschichte zu kümmern. Und siehe da: Konrektor Heinrich Offen mel-

---

27 *Das Grafenhaus von Pentz wurde 1636 von Christian von Pentz gegründet und erlosch mit seinem Gründer. Sein Vater Marquard trug den Titel Ritter (des Elefantenordens).*

dete sich! Er hatte gleich die passende Beschäftigung für den nahenden Ruhestand!

Heinrich Offen sichtete die Bestände, ordnete und signierte sie und verhüllte Zusammengehöriges mit Packpapier, das er mit Bindfaden und Archivknoten sicherte. Von ihm bekam die Akte A1b26 „Ölgemälde in der Rathausdiele", Laufzeit 1907–1929, die Signatur 1320. Was er beim Packen zu lesen bekam, verführte ihn, so dass er zu einem der besten und produktivsten Heimatforscher wurde, bis er plötzlich erblindete.

Im weiteren Aufbau des Stadtarchivs folgte ihm Doktorand Gerhard Köhn, Ära des Bürgermeisters Dr. Manfred Bruhn, einfach deshalb, weil er mit seiner umfangreichen Dissertation über die Bevölkerung der Gründungszeit Glückstadts für Jahre der Hauptbenutzer war.

Archivar Offen und Forscher Michaelsen waren Kontrahenten. Dem magisch-mythisch Veranlagten stand plötzlich ein sachlich- nüchterner Denker gegenüber. Dass Traditionalist „Michel" den Glückstädter Schützenverein veranlasst hatte, sich anlässlich eines Jubiläumsfestes mit dem Titel „Glückstädter Schützengilde e. V. von 1642" zu schmücken, verübelte „Hein Offen" ihm sehr. Die Berufung auf Pentzens Gilden-Erneuerung 1642 war für ihn unzulässig, da das Bestehen, wie aktenkundig, zwischendurch einmal erloschen war.

Doktorand Gerhard Köhn zollte der Akribie im Quellenstudium Michaelsens hohe Anerkennung und wurde zu seinem Coautor. Zum 80. Geburtstag schrieb er dem „ungekrönten König in einem nicht kleinen und unbedeutenden Kreis von Heimat- und Familienforschern in allen Ecken Deutschlands" eine Laudatio[28] und präsentierte ihm seine Bibliografie.

Für die Ausführung der Arbeiten am Rathaus-Gemälde kam nach dem Verständnis der Nachkriegs-Glückstädter nur Kunstmaler Hermann Wehrmann (1897–1977) infrage. Jeder, der was auf sich hielt, dankte dem angesehenen Mitbürger und erwarb eine seiner malerischen Inspirationen und hängte sie übers Sofa oder Anrichte: Heimische Marschlandschaft unter hohem Wolkenhimmel. Doch soll der Künstler mit

---

28 *Gerhard Köhn: Franz Michaelsen zu seinem 80. Geburtstag, in: 74. Jahresbericht der Vereinigung ehemaliger Primaner des Gymnasiums zu Glückstadt (Detlefsen-Schule) von 1887, 1967, S. 16.*

seiner Familie oft am Hungertuche genagt haben. Anstreichermeister berichten noch heute augenzwinkernd, oft habe er die Farben bei ihnen geschnorrt. Um zu Geld zu kommen, fuhr er zur See, dann ließ er sich als Krankenpfleger ausbilden, aber immer wieder suchte er Kontakt zu den Künstlern. Wahrscheinlich im Rahmen einer Arbeitsbeschaffungsmaßnahme des Staates machte Wehrmann sich um die Stadt und ihre Bürger verdient, indem er ein städtisches Ehrenbuch kreierte. In kunstvollen Buchstaben schrieb er die Namen aller Einwohner hinein, die im 2. Weltkrieg gefallen waren – soweit behördlich bereits gemeldet. Es wurde im Rathaus oben zwischen Treppengeländer und Balkontür unter dem Gemälde auf einem Tischchen ausgelegt und täglich umgeblättert. Angehörige stellten Blumen daneben, wenn am Geburts- oder Todestag ihres Lieben dessen Name in kalendarischer Reihenfolge aufgeblättert war.[29] –

Passend zu Michaelsens Forschungsarbeit „Schloss Glücksburg" im 2. Band von „Glückstadt im Wandel der Zeiten" zeichnete Maler Wehrmann auf zwei Faltblättern die gesamte Schlossanlage mit Provianthaus und anderen Nebengebäuden. Seine Vorlage war eine winzige Vignette auf einem Stadtplan von 1652. Eine andere Dokumentation von Schloss Glücksburg gibt es nicht, außer der großen schmalen Kladde im Stadtarchiv mit Verzeichnissen des Interieurs beim Abbruch.

In 6jähriger Zusammenarbeit mit dem angesehenen Maler und Restaurator Prof. August Wilckens (1870–1939) erlernte Hermann Wehrmann das Restaurieren. Er selber bildete später den Glückstädter Landschaftsmaler Heinz Suthmann (1935–2009) zum Restaurator aus. Dieser, sein Helfer bei der Arbeit auch in Kirchen der Westküste, hatte an der Hamburger Hochschule für Bildende Künste bei Max Hermann Mahlmann Konstruktivismus studiert, bei Hermann Knoth Realismus (die Welt, wie sie ist) und bei Wilhelm sowie auch Martin Busch Zeichnung und Illustration. In Zeiten der „Sozialen Marktwirtschaft" kann auch der Auftrag zur Restaurierung kirchlicher Kunstwerke eine staatlich geförderte Maßnahme der „Arbeitsbeschaffung" für Künstler ge-

---

29 *Heutiger Standort des Kunstwerks: Detlefsen-Museum. Die Auslage im Rathaus wurde um 1990 auf Iniative des Vorsitzenden des Ortsvereins „Volksbund Deutsche Kriegsgräberfürsorge e. V.", Studiendirektor Dr. Harro Voß, durch ein schmuckloseres, aber von ihm genauer recherchiertes Ehrenbuch ersetzt.*

wesen sein. Die nun folgende Generation von Restauratoren allerdings ließ verlauten, in sämtlichen Kirchen der Westküste seien die Gemälde durch falsche Restaurierung „versaut".

Das Landesamt für Denkmalpflege bezeichnete das Bild im Glückstädter Rathaus als „kunsthistorisch bedeutsames/wertvolles Gemälde" und bezuschusste die Restaurierung durch Hermann Wehrmann und Heinz Suthmann mit 500 DM. Das befreite manche Freunde Michaelsens von ihrer Unsicherheit, das Kunstwerk zu beurteilen.

Zur Arbeit eines Restaurators gehört auch eine Dokumentation aller Arbeitsschritte am Objekt mit dem „Vorher – Nachher". Von Hermann Wehrmann ist ein solcher Arbeitsbericht jedoch nicht überliefert. Sollte es ihn gegeben haben, könnte er beim Brand des Ateliers im Garten seines Hauses in der Pentzstraße vernichtet worden sein. Als Beschreibung des Zustands vorher dient in diesem Falle allein der Text von Franz Michaelsen im Steinburger Jahrbuch 1961. Glücklicherweise wurde das frisch restaurierte Gemälde vor der Wiederaufhängung damals fotografiert, den Möglichkeiten der Zeit entsprechend in Schwarzweiß. Die Abbildung in neuer Klarheit ohne Sichtbehinderung durch Säulen ist im Steinburger Jahrbuch von 1961 Michaelsens Text beigefügt.

Nachdem Hermann Wehrmann altershalber sein Geschäft aufgegeben hatte, arbeitete Heinz Suthmann als Grafiker in der Hamburger Werbebranche und oft auf Messen. Er war ein den Menschen zugewandter, geselliger Typ und jedermanns Freund.

Als Sonderschulrektor Hans-Reimer Möller 1979 Museumsleiter wurde und sofort den „Verein der Freunde und Förderer des Detlefsen-Museums e. V." ins Leben rief, stellte Heinz Suthmann sich dem Vorstand als „Beisitzer für Kunst" zur Verfügung. Erste Vorsitzende wurde Realschul-Konrektorin Ellen Meinert, zu ihrem 70. Lebensjahr abgelöst durch den Oberstudienrat Norbert Meinert. Suthmann arbeitete bei der Einrichtung der Dauerausstellung in neuen Räumen des Brockdorff-Palais mit, gab fachliche Ratschläge beim Einkauf von Exponaten sowie zur Art der Präsentation und frischte beste Schaustücke auf. Erste waren die beiden hölzernen Eisschlitten, in denen Damen der „guten Gesellschaft" zwischen kunstvoll Pirouetten ziehenden Schlittschuhläufern zum Eisvergnügen auf dem Burggraben umher geschoben wurden.

Ausstellungen seiner eigenen Werke im Detlefsen-Museum oder in seinem schönen Haus am Rhin zogen viele Male reichlich Publikum an.

Im fünften Jahr nach Gründung des Museumsvereins (1983) würdigte der Museumsleiter auf der Hauptversammlung im „Bericht zur Lage" Suthmann für eine außergewöhnliche Zuwendung: „Mit seiner kostenlos geleisteten Arbeit an der Schiffsheckfigur aus dem 18. Jahrhundert[30] hat der Restaurator Heinz Suthmann dem Detlefsen-Museum eine der größten ihm bisher zuteil gewordenen Stiftungen zugewendet. Dafür sei ihm gedankt."

Bei Gelegenheit geselliger Museumsabende des rührigen Vereins um das Jahr 2000 kam Maler Suthmann immer mal wieder auf ein besonderes Anliegen zu sprechen: „Das Pentzbild muss restauriert werden!" Man hielt es für selbstverständlich, dass ein Freischaffender sich um Aufträge bemüht und machte sich keine weiteren Gedanken darüber. Wer konnte denn ahnen, dass viel mehr dahinter steckte?

„Glückstadt im Wandel der Zeiten"[31]

Im letzten Viertel des 19. Jahrhunderts führte Bürgermeister Dr. Manfred Bruhn die Stadterneuerung der „polygonalen Radialstadt" durch, und zwar mit Wiedereröffnung des Fleths, „da König Christian IV. es liebte, seine Neugründungen mit Kanälen zu durchziehen." Seit Kriegsende waren Sanierungs- und Erneuerungsmaßnahmen überfällig, die aber den Charme des Überkommenen und Altertümlichen der königlichen Stadtgründung erhalten sollten. Objektsanierung war angesagt! Keine Flächensanierung, wie in den meisten anderen Städten. Museumsleiter Möller fertigte auf Bitten des Bürgermeisters nach Beständen des Stadtarchivs „historische Dokumentationen" über einzelne Häuser an, sogenannte „Häusergutachten", 52 an der Zahl. Eine Menge Arbeit! Zu seiner Entlastung stellte er im Archiv seinen studierenden Sohn als Zuarbeiter an, der schon von Doktorand Köhn angelernt war, und ihm das Nötige vorlegte: Generalsetzung, Heberegister, Bürgerrolle, Einquartierungsliste, Budenregister, Steuersetzungen, Bürgerrechts-Überfrageprotokolle. Als der Sohn 1988 in den Beruf ging, gab er den Pos-

---

30   Siehe: *Steinburger Jahrbuch 1984 S. 203–205.*
31   *Titel dreier Chronikbände.*

ten an seine Mutter weiter. So werden Archivare gemacht! Der Appetit kommt beim Essen.

Das Glückstädter Stadtarchiv nach Offen, Köhn und Möller (jun.) galt als „eins der best geordneten ehrenamtlich geleiteten Archive im Lande" Ruth Möller unterschrieb mit „Archivpflegerin", um sich von Archivräten und Archiv-Oberräten deutlich zu unterscheiden. Denn nicht oft genug konnte Prof. Dr. Reimer Witt bei Fortbildungsveranstaltungen im Landesarchiv betonen: „Man ist nicht Archivar, nur weil man sich als solcher fühlt!"

Die Architekten lobten den Glückstädter Service sehr und wünschten, sie bekämen ihn in auch in anderen Städten. Zum Lohn für den Erhalt des Altstadt-Flairs erhielt Glückstadt den Titel „Stadtdenkmal".

Die Wiedereröffnung des Fleths setzte Dr. Bruhn aufgrund eines Stadtvertreter-Beschlusses durch, doch wurde sie für ihn der Anfang vom Ende. Zu Beginn des Jahrhunderts war die Trasse zugeschüttet und in einen schönen Park umgewandelt worden, der aber zunehmend verödete. Im Anblick der hässlichen Baugrube quer durch die Innenstadt zerfiel die Einwohnerschaft in zwei Lager, die sich bitter bekämpften. Für oder und wider den Flethkanal! Ein jeder berief sich auf Legitimation durch König Christian IV. – Ganz schön irrational!

Hasserfüllte Hahnenkämpfe per Leserbrief, von Enthüllungsjournalismus angefeuert, vergifteten die Atmosphäre für lange Wochen und Monate. 30 Jahre nach Dienstantritt und zwei Jahre vor dem offiziellen Ruhestand sah Bürgermeister Dr. Bruhn sich zum Rücktritt genötigt. Mit ihm verloren die Heimatkundler ihren Rückhalt. Die Hälfte der Einwohner bestand aus Zuwanderern, die ihre Heimat im Osten verloren hatten und erst Fuß fassen mussten. Detlefsens Primat der Heimatkunde in der Politik kam zu einem Ende. Die „Hochburg der Heimatkunde" geriet in eine ahistorische Phase. Darum traten nach Dr. Bruhn auch Museumsleiter Möller, inzwischen erkrankt, und bald danach Ehefrau Ruth, „Archivbetreuerin", von ihren Ämtern zurück.

Der Neustart gestaltete sich ausgesprochen schwierig. Kompetente Leute, die darauf brannten, Glückstadt in die Zukunft zu führen, waren auf dem Arbeitsmarkt nicht reichlich verfügbar. Drei Bürgermeister hintereinander gaben sich die Klinke der Rathaustür in die Hand, bis endlich wieder Ruhe eintrat. Der Verein der Museumsfreude war glücklich, einen neuen Museumsleiter zu finden, Manfred Otto Niendorf, einen Historiker. Er blieb aber ab Oktober 1997 nur rund zwei Jahre. Der Familienvater war auf Broterwerb angewiesen und suchte eine Festanstellung. Dieses Phänomen war für Glückstädter Verhältnisse neu.

Seit Detlefsen ab 1888 am schön geschnitzten Rednerpult in der neuen Schulaula des Gymnasiums, Am Kirchplatz 6, im Wechsel mit Kollegen öffentliche Bildungs-Vorträge hielt, sahen es Pädagogen aller Schularten mehr oder weniger als eine Ehre an, in ihrer Freizeit kostenlos das Glückstädter Kulturleben zu bestreiten. Heimatkundler mit monatlich festen Bezügen machten kostenlose Stadtführungen, unerheblich, mit welcher Personenzahl und in welcher zeitlichen Ausdehnung. Als es hieß, es sei inzwischen überall üblich, Honorar zu nehmen, fühlten sie sich beschämt. Ihr Dienst war Dienst an der Vaterstadt, wie er seit ihrer Gründung nötig und für Generationen selbstverständlich war. Aber um den Touristen nicht wie Wesen aus dem vorigen Jahrhundert vorzukommen, beschlossen sie, sich ebenfalls bezahlen zu lassen. Mit einiger Überwindung einigten sie sich auf das geringst Mögliche: Fünf Mark pro Führung, nicht etwa pro Person.

„Die Zeiten ändern sich und wir uns mit ihnen." Das sagte schon Publius Ovidius Naso um Christi Geburt. Manfred Otto Niendorfs Vorstoß in der Hauptversammlung des Museumsvereins machte das endgültig jedermann klar: „Ehrensold reicht nicht aus!"[32]

Glückstadt . Was nun?

Das Scheitern der dritten Restaurierung, 1998/99

Maler Suthmann gelang es umgehend, Museumsleiter Niendorf für seine Parole „Das Pentzbild muss restauriert werden!" zu begeistern. Bemühen um einen prominenten Gegenstand ist für einen Neustarter beste Gelegenheit, sich vorzustellen und sich der breiten Öffentlichkeit geneigt zu machen! Doch der neue Museumsleiter entwickelte unerwartet eigene Vorstellungen! Für die Pflegemaßnahmen bevorzugte er als Ausführenden nicht den Ideengeber Suthmann, sondern einen polnischen Restaurator. Josef Wieczorek, der „Magister der Kunst, Hamberge" war wohl einer der legendär tüchtigen und erfahrenen Restau-

---

32 *Glückstädter Fortuna, 9. 4. 1992.*

ratoren, die in Deutschland-West Verdienst suchten, nachdem sie in einzigartiger nationaler Kraftanstrengung die enormen Kriegsschäden ihrer Heimat beseitigt und z. B. Danzig in alter Schönheit wieder aufgebaut hatten. Seine Firma besteht noch heute.

Als der Museumsleiter von Glückstädter Geldinstituten Spenden zugesagt bekommen hatte, plante er mit Wieczorek eine „konzertierte Aktion"! Auf der Grundlage der Bildbeschreibung Michaelsens erstellte er für die Stadtverwaltung ein „historisches Gutachten" und erklärte die Bedeutung des Gemäldes etwaigen weiteren Sponsoren auf einem Flyer. Während dessen machte Wieczorek zahlreiche Reinigungsproben, kalkulierte die Kosten bei einem Stundenlohn von 70 DM auf 27.000 DM und versprach im Falle einer Auftragserteilung die kostenlose Reinigung des Rahmens mit einer Ersparnis für Glückstadt von 1250 DM. Dieser Eingabe an die Stadt gab er gleichzeitig den Kostenvoranschlag für die Restaurierung eines zweiten, kleineren Gemäldes bei, des Königsportraits „Christian IV." von Carel von Mander, das einmal als dänisches Ehrengeschenk ins Rathaus gelangte und dem Reiterportrait benachbart aufgehängt war.

Plötzlich gab es im Rathaus einen Eklat, der wohl nicht mehr aufzuklären ist: Restaurator Wieczorek wurde von Amts wegen gezwungen, seine Arbeit am Gemälde unverzüglich abzubrechen. Auf der Stelle musste er das Rathaus verlassen! Steckte Maler Suthmann dahinter? Zwar verließ Wieczorek Glückstadt, aber Suthmann gelang es trotzdem nicht, den Stadtoberen einen Auftrag zur Restaurierung des Großgemäldes abzuringen. Die Geldinstitute hielten sich wegen der Querelen mit Zuwendungen zurück und spendeten dieses Mal lieber für den Sport. Ein Jahr später, 2000, durfte Maler Suthmann zwar nicht das große Pentzbild, aber doch das kleine Königsbild restaurieren – wie man sagte „zum Trost".

Kampf ums „gesunkene Kulturgut", 2001

Suthmanns Bemühen um die Restaurierung des Reiterportraits zog sich hin. Als er wieder einmal mit Bürgermeister Lauenroth darüber ins Gespräch kam, machte eine unvermutet abartige Äußerung des Verwaltungschefs ihn für eine Weile sprachlos: Die Sache erübrige sich, hörte er den Neffen des Pietá-Malers Max Kahlke sagen, die Arbeit lohne sich nicht mehr, denn das Bild käme da weg. An dieser Stelle müsse eine Bürotür durch die Wand gebrochen werden! Daraufhin machte der Beisitzer für Kunst seiner Empörung auf dem nächsten „Museumsabend" gewaltig Luft! Großalarm für den „Stadthistoriker" unter den Besuchern!

Hans-Reimer Möller (1928–2014), war Freiplatzschüler in Franz Michaelsens Klasse gewesen, Sohn eines doppelt beinamputierten Schwerkriegsbeschädigten, und hatte also ein geschultes Auge für Hilfsbedürftigkeit von Hause aus. Bis in die Studenten- und Junglehrerzeit hinein tat er seinem alten Lehrer, Schicksalsgenosse und Freund seines Vaters, gute Dienste, indem er ihn zu dessen Vortragtätigkeit in Volkshochschule und anderswo als Aktentaschenträger und Bildvorführer begleitete. Dabei lauschte er aufmerksam auf alle Worte und speicherte kleinste Einzelheiten wie große Zusammenhänge in einem staunenswerten Gedächtnis.

Die Absicht des amtierenden Bürgermeisters, das Reitergemälde zu entsorgen, war für den Pensionär ein Schlag vor den Kopf! Völlig abwegig! Völlig un-glückstädtisch! Ein klammheimlich geplanter Anschlag auf Glückstädter Kulturgut! Protestschreiben, die sich unwesentlich unterschieden, gingen an den Herrn Bürgervorsteher, den Vorsitzenden des Bau- sowie des Kulturausschusses, dazu an das Landesamt für Denkmalschutz und die Presse. Der Brief-Schreiber machte die Brief-Empfänger mit Michaelsens Einschätzung des Reiterportraits bekannt, hob bewundernd die Wahl der Hängung im oberen Vorsaal durch Detlefsen und dessen Architekten Hallier hervor und freute sich, bei dieser Gelegenheit die erste fachkundige Beurteilung durch eine Kunsthistorikerin unter die Leute bringen zu können, der er zufällig zur Vorbereitung einer Bildungsreise ehemaliger DDR-Bürger eine Stadtführung gegeben hatte. Sigrid Puntigam aus Schwerin bewunderte damals das Relikt aus dem 17. Jahrhundert als „das größte monumentale[33] barocke Reiterportrait im Lande". – Und so etwas in unserem bescheidenen Glückstadt!

---

33 *Unter Monumentalkunst versteht man großformatige Kunst, die deutlich in der Absicht konzipiert wurde, ein auffälliges Zeichen oder sogar Machtsymbol zu setzen vor allem im öffentlichen Raum .*

Möller schreibt: „Es ist unglaublich, was ein zugewanderter, auf begrenzte Zeit von uns Bürgern gewählter Amtsinhaber sich herausnimmt! Einen dreieinhalb Jahrhunderte sorgsam mit Respekt gehüteten Kunstschatz, der mit klugem Bedacht beim Neubau des Rathauses in das Bau- und Kunstdenkmal eingefügt worden ist, will er beiseite tun. Deutlich erkennbar ist die Rückwand des oberen Treppenflures den Ausmaßen des Bildes entsprechend gestaltet worden. Die beiden Türen der dahinterliegenden Zimmer sind aus deren Raummitte so weit seitlich versetzt, dass sie sich beiderseits bündig an das Gemälde anschließen. Es beherrscht den Raum als repräsentativer Blickfang, versteht sich als integrativer Bestandteil des Rathauses. Es von seinem Standort fortzunehmen, würde dem Gesamtkunstwerk Rathaus einen zerstörerischen Schaden zufügen. Unsere Stadt würde den Ruf unglaublichen Kultur-Banausentums erwerben und sich landesweit blamieren! Ich hoffe sehr, dass meine Mitbürger sich meinem Protest anschließen und Herrn Lauenroth bei der nächsten Bürgermeisterwahl den Laufpass geben. Ich möchte jedenfalls nicht weiterhin von einem Kulturbanausen regiert werden.“

Die Glückstädter Fortuna druckte den Text nicht, mit der Begründung, auf Nachfrage habe die Verwaltung die Auskunft erteilt, es sei nicht beabsichtigt, das Bild fortzunehmen. Zu lesen war Möllers Protest aber im Glückstädter Monatsspiegel, Januarheft 2001 gedruckt bei J. J. Augustin. Zur seiner Beruhigung gab die Verwaltung ihm schriftlich Bescheid, „dass aufgrund der finanziellen schlechten Haushaltslage der Stadt Haushaltsmittel für einen Umbau des Rathauses nicht zur Verfügung" stünden. „Ein Abhängen bzw. Entfernen des Bildes steht daher überhaupt nicht zur Diskussion". Dem war zu trauen wie dem Versprechen des Staatsratsvorsitzenden der DDR, Walter Ulbricht: „Niemand hat die Absicht, eine Mauer zu errichten". Ein paar Wochen später steht sie und bleibt für 40 Jahre! Längst hatte der Bauausschuss einen zutreffenden Bauplan beraten, den ein Abweichler nach draußen zu schmuggeln für richtig befand. Wenn die Aufregung verflogen wäre, sollte das Abhängen doch noch vonstatten gehen, sobald die erforderlichen Mittel zur Verfügung stünden. Daraufhin schrieb der „Stadthistoriker" an die Frau Vorsitzende des Kulturausschusses: „Es ist eine neue Information zu mir durchgesickert, das `Organ Bürgermeister´ hat keineswegs

Abstand genommen von der Tat des unglaublichen Banausentums. Ich bitte Sie, Herrn Bürgermeister Lauenroth zu veranlassen, in der nächsten öffentlichen Sitzung des Kulturausschusses zu dem angesprochenen Thema Stellung zu nehmen. Außerdem bitte ich Sie, einen Beschluss herbeizuführen, der es untersagt, das Bild von seinem Platz zu entfernen. Ich hoffe sehr, dass sich eine Mehrheit der von mir gewählten Stadtvertreter meinem Protest anschließt und die Untat verhindert. Von Zugewanderten, die amtlich oder ehrenamtlich Entscheidungen treffen, die historische Gegebenheiten unserer Stadt berühren, muss erwartet werden, dass sie zuvor die erforderlichen Kenntnisse erworben haben."

Enorme Eigenwilligkeiten hatten Christian Lauenroths Verhältnis nicht nur zu Selbstverwaltung und Parteien zerstört, sondern auch zu Kirche, Vereinen, Verbänden und Firmen. Heimatkundler verübelten ihm schwere Eingriffe in geschichtlich Überliefertes wie z.B. das Stadtwappen. Die symbolhafte Glücksgöttin Fortuna wurde auf amtlichen Schreiben ersetzt durch ein „modernes Logo". Kennzeichen Glückstädter Identität waren für ihn stilisierte Segel auf einem stilisierten Fluss, die von Ortsfremde auch als Landschaft mit Berggipfeln gedeutet werden konnten. Der königliche Stadtgrundriss war ihm, ganz im Gegensatz zu Dr. Bruhn, nichts wert, sodass er sich getraut hätte, zugunsten eines neuen Wohngebietes den Binnenhafen zur Hälfte zuzuschütten. Noch vor Ende der 1. Legislaturperiode wurde er abgewählt.

Das Hamburger Abendblatt" vom 16. Februar 2001 titelte über längere Ausführungen von Stefanie Baumm „Dieser Bürgermeister war kein Glücksgriff!"

Die Bürgermeister kommen und gehen – und jeder erbt Ritter Pentz mit Parole Suthmann.

Parole: „Das Pentzbild muss restauriert werden!", 1988– 2016

Vor der Abstellkammer und einem ungewissen Schicksal auf dem Bauhof oder im musealen Depot „Frickes Scheune" an der Chaussee war das Reiterportrait gerettet, aber restauriert noch lange nicht! Als Maler Suthmann im Rentenalter war, sah man den inzwischen Alleinstehenden oft mit Bürgermeister Gerhard Blasberg am Markt in der Außen gastronomie gemeinsam zu Mittag essen. Garantiert hat er auch ihm sein Anliegen vorgetragen, aber am Gemälde tat sich nichts!

Kurz vor seinem Tod 2009 nahm Maler Suthmann die Ehefrau des „Stadthistorikers" in die Pflicht, für die Restaurierung des Gemäldes zu sorgen. Sofort, nachdem er bei stattlichem Gefolge zur Erde bestattet war, richtete die gewesene Stastarchivarin (1988–1997) Ruth Möller ein Schreiben mit „Parole Suthmann" an den Herrn Bürgermeister. Das Pentzbild zu restaurieren, sei das Vermächtnis eines ihm gut bekannten, allgemein beliebten Glückstädters, das man auf Dauer nicht einfach übergehen dürfte. Mit dieser Anmahnung glaubte sie, ihre Pflicht schon getan zu haben. Man las in der „Glückstädter Fortuna" ja so oft von Sponsoren-Aktionen der Kirchengemeinde zugunsten der Malereien und Kunstschätze in der Stadtkirche. Spender freuten sich über Bildberichte von Restauratoren auf Leitern in schwindelnder Höhe bei Gemälden an den Emporen. Dem entsprechend würden die Rathausleute auf den sanften Hinweis von Rentnerin Möller schon von selber auf die Idee kommen, dass der größte Kunstschatz Glückstadts mindestens einmal im Jahrhundert ebenfalls der Pflege und Auffrischung bedürfe ..., sie gingen ja im Laufe ihres Berufslebens täglich mehrmals darunter hin und her.

„Gottes Mühlen mahlen langsam!" In diesem Falle aber weder langsam noch überhaupt! Sollen Stadtverwaltungen etwa so wie die Kirchen um milde Gaben für ihre Kunstschätze bitten?

Die Jubiläumsfeier „400 Jahre Glückstadt 2017" war zeitlich noch etwa fünf Jahre entfernt, als Dr. Klaus-Joachim Lorenzen-Schmidt die Glückstädter vorsorglich auf das Nahen aufmerksam machte. Königin Margarete II. von Dänemark sollte eingeladen werden, was den langen Vorlauf ab 2012 rechtfertige. Suthmanns Vermächtnis-Beauftragte schöpfte Mut zu einem neuen Vorstoß. Ist nicht davon auszugehen, dass Gelder von Ämtern und Sponsoren zu Jubelfesten leichter fließen? Hinterlistig schrieb die langjährige Pressebeauftragte der heimatkundlichen Szene an Stadtverwaltung und Presse gleichzeitig, man könne die Monarchin unmöglich vor diesem Symbol gemeinsamer deutsch-dänischer Geschichte empfangen, wenn das Gemälde den Eindruck jahrzehnte langer Vernachlässigung mache. Doch eine neue Großwetterlage trat ein und diese Art Dringlichkeit entfiel: Königin Margarete sagte ihr

Kommen ab! Wie die „Glückstädter Fortuna" berichtete, schrieb der dänische Botschafter Per Poulsen Hansen an den Herrn Bürgermeister Blasberg, das Königshaus habe grundsätzlich entschieden, an keinen Jubiläumsfeierlichkeiten außerhalb Dänemarks teilzunehmen.

Keine Königin! Auch keiner ihrer jung verheirateten Prinzen? Macht nichts! König Christian hatte hier ja sowieso einen Vertreter: Den Grafen Pentz! Lädt die Verwaltung eben einen Nachkommen der Familie des Gubernators zum Festakt ein! Dafür wollte Frau Möller schon sorgen! Schon 2013 hatte sie mit dem über achtzigjährigen Seniorchef Gotthard von Pentz Kontakt, der gern zu Lebzeiten noch erfahren hätte, wo der unglückliche Christian zur letzten Ruhe gebettet war.

Und? Postwendend sagte Familie Pentz auf die Vorankündigung das Kommen eines von zwei Brüdern zu, Kerstan oder Markwart. Das stand nicht fest, da beide beruflich oft auf Reisen sind. Freundliche Mails gingen hin und her, und die Glückstädterin ahnte nicht, dass es sich am anderen Ende um höchste Vertreter weltweit bedeutsamer Firmen handelt, die in aufrichtiger Gesinnung mit Dienstleistung und Produkten Unternehmen in ländlichen Gebieten fördern wollen.

Der Vorsitzende der Detlefsen-Gesellschaft (1996–2013), Dr. Klaus-Joachim Lorenzen-Schmidt (1948–2015) machte eindringlich zuvor Grundsätzliches klar: Bei dem Jubiläum gehe es darum, den Jubilar, hier den Ort, in Entstehen, Werdegang und Bedeutung zu feiern, also sich der Ortsgeschichte neu zu vergewissern; nicht darum, irgendwelche im Jahreslauf eher zufällig anfallenden Festlichkeiten doppelt lange und dreifach üppig zu feiern!

Als Generalprobe für „Events" zur Vergegenwärtigung von Stadtgeschichte kam Lorenzen-Schmidt das Jubiläum der Belagerung und schweren Beschießung Glückstadts gerade recht. Als Vorsitzender der Detlefsen-Gesellschaft organisierte er mit dem Vorstand eine Vortragsreihe mit dem Thema „Festung Glückstadt", die im Ratssaal stattfand[34]. Den ersten hielt er selbst, inzwischen Pensionär in Rostock. Dabei war er schon zu Tode erkrankt. Ruth Möller hielt das Referat, das ihr zugedacht war, und ein zweites mit verwandtem Thema anstelle ihres Ehemannes, der tags zuvor gestorben war. Sechs Mal war der Ratssaal von Freunden

---

34 *Christian Boldt (Hrsg): Festung Glückstadt – Vorträge anlässlich des 200. Jahrestags der Belagerung Glückstadts 1813/14. Norderstedt, 2017.*

der Stadt- und Festungsgeschichte überfüllt. Besucher mussten bis auf Tuchfühlung zusammenrücken. Viele folgten dem Bürgermeister nach draußen, um sämtliche Bürostühle über lange Flure heranzuschleppen. Das gemeinsame Bemühen um Platz für alle ergab im Ratssaal alle sechs Male eine eigenartige familiäre Grundstimmung. Insgesamt besuchten über 800 Gäste laut Gästebuch die Vorträge.

Von Lorenzen-Schmidt ermuntert, hatte die frühere Stadtarchivarin um Jubiläumsjahr noch eine Liste sämtlicher Denkmäler Glückstadts der Stadt in Arbeit, geplant als Flyer für Touristen. Von den bedeutsamsten gab es im Hause Möller bereits präzise Informationen des „Stadthistorikers" in 2 lfm seiner Aktenordner. Zu Einzelheiten konnte der Schwerkranke noch befragt werden. Aus dem Flyer wurde nichts, statt dessen ergab sich ein längerer Beitrag für das Steinburger Jahrbuch[35]. Die Forscherin fand 34 erwähnenswerte Erinnerungsstätten im Stadtgebiet, Objekte, verschiedenster Art: Grab- und Gedenksteine, Reliefs, Inschriftentafeln, Boden- und Baumdenkmäler, Skulpuren, – von Detlefsens „Trauer der Germania" auf dem Kirchplatz nur noch den Sockel! Ihre Arbeit ging flott voran. Bis zum Denkmal für den für den 30jährigen Krieg! Das Reiterportrait im Rathaus war ja schon für Franz Michaelsen ein großes Rätsel!

Mit Bitten um kunstgeschichtliche Beratung für einen Pentzbild-Beitrag in der Liste der Glückstädter Denkmäler wandte Ruth Möller sich 2013 an den in Glückstadt lebenden Kunsthistoriker Dr. Boye Meyer-Friese, einen früheren Nachbarn. Ehe der vormalige Mitarbeiter des Altonaer Museums antwortete, sah er sich das Objekt näher an und erschrak! Er fand es in einem so erbärmlichen Zustand vor, dass er sogleich zur Tat schritt und Nägel mit Köpfen machte! Er fragte bei den Ämtern nach dem Eigentümer!

Den schien kein Mensch zu kennen. Die Stadtverwaltung wollte es nicht sein, das Detlefsen-Museum konnte es nicht sein, denn in den Findbüchern kam der Gegenstand nicht vor. Da es keinen Eigentümer zu geben schien, sah der Kunsthistoriker die Verantwortung für die Pflege beim Besitzer bzw. der Besitzerin. Wer war das? Die Stadtver-

---

35 *Hans-Reimer und Ruth Möller: Denk mal! Das Stadtdenkmal Glückstadt und seine Erinnerungsorte – eine große heimatkundliche Stadtwanderung, in: Steinburger Jahrbuch 2015, S. 83–127.*

waltung – daraufhin, dass das Gemälde seit Jahrhunderten im Rathaus hängt! Seine Erklärung: Ein Mieter, der eine Wohnung besitzt, tapeziert ja auch ab und zu die Stuben, auch wenn er nicht der Hauseigentümer ist.

„Doon is'n Ding, snacken köönt wi all!" sagte er und bat die Stadtverwaltung um Erlaubnis, das Gemälde durch eine Fachkraft untersuchen zu lassen. Die Genehmigung erhielt er wohl, aber mit städtischer Beteiligung an Kosten sollte er nicht rechnen!"

„Ihr, die Ihr eingeht, lasst alle Hoffnung fahren!"[36]

„Wir geben nix!"

Für Bemühungen wurde er mit einem Gutschein für ein Essen zu Zweit im Ratskeller belohnt. Abgespeist? Das war gestern! Längst hatte er sich mit dem Landesamt für Denkmalpflege in Verbindung gesetzt und erfahren, dass von dort bei erfolgter Restaurierung eine finanzielle Beteiligung denkbar sei. Daraufhin beauftragte er eine ihm bekannte Hamburger Restauratorin, das Gemälde hier am Ort zu untersuchen. Ihr Gutachten bezahlte er, – wie von Eggert Sperforke betreffs Blockhaus am Hafen überliefert ist – „ut sien egen Büdel"!

Wie sich herausstellte, war bei der Restaurierung mehr im Spiel als Milderung der Alterungsschäden und des langen Mangels an Pflege! Nach Wieczoreks plötzlichem Weggang blieb durch seine Reinigungsproben „ein Gemälde mit offenen Wunden" zurück, die zu versorgen ihm keine Zeit gegeben war. Er wurde des Ortes verwiesen, ohne dass die Amtspersonen, wie er klagte, „ein Wort der Verpflichtung dem Kunstwerk gegenüber verloren hätten." Hatte Maler Suthmann Bürgermeister Lauenroth veranlasst, Wieczorek das Hausverbot zu erteilen in der Hoffnung, den Auftrag selber zu bekommen? Die barocke Malerei war seit 1998 ein „zermetzeltes Schlachtfeld"! Belastete ihn „die Verpflichtung dem Kunstwerk gegenüber" sein Lebtag mit einem schlechten Gewissen?

Dies ist die Expertise der Hamburger Expertin:

- „Zustand: Die Leinwand hängt schlaff auf dem Keilrahmen, in linker unterer Ecke befinden sich leichte Spannfalten. Ablagerungen zwischen unterer Keilrahmenleiste und Leinwand. In der Bildmitte

---

36 Dante Alighieri „Die göttliche Komödie", Inschrift auf dem Tor zur Hölle, 3. Gesang, Vers 1–9.

unter dem Pferdebauch eine große Verletzung der Leinwand mit Kittung. Insgesamt viele Kittungen, verfärbte Retuschen, Verputzungen (Bereiche mit zu stark bereinigter Farbschicht), verbräunter und vergrauter Firnis, Schmutzablagerungen auf der Oberfläche.
– Zirka 7 großflächige, auffällige Reinigungsproben mitten in der Darstellung (bis zu 20 x 4 cm). Besonders die vielen, großflächigen Reinigungsproben und die Vergrauung Oberfläche durch die Schmutzablagerungen sind für den Gesamteindruck störend. Das Gemälde ist von hoher malerischer Qualität und wird heute nicht in einem seinem historischen Wert und Bedeutung angemessenen Zustand präsentiert.

• Empfehlung: Ich empfehle, dem Gemälde ein den Rahmenbedingungen entsprechendes, würdigeres und angemesseneres Erscheinungsbild zu geben. Dazu bedarf es m. E. keiner vollständigen Restaurierung, sondern eher einer Konservierung mit ästhetischen Maßnahmen wie Verbesserung der verfärbten Retuschen sowie einer partiellen Neuvergoldung der abgeriebenen Gold-Innenleiste am Zierrahmen. Der finanzielle Aufwand für diese Arbeiten lässt sich heute nur grob einschätzen. Ich halte einen Betrag zwischen 6. 000 und 10.000 € für realistisch. Für eine präzisere Kostenschätzung bedarf es eines festgelegten Restaurierungskonzeptes und genauerer Untersuchungen an dem Gemälde."

Eine Kopie des Gutachtens brachte Dr. Meyer-Friese unverzüglich ins Rathaus. Da er es noch mit einem zusätzlichen Vermerk versehen hatte, bildete es in der Verwaltung jetzt einen Vorgang.

Er schrieb:

• „Das Gemälde ist seit über fünfzig Jahren konservatorisch und restauratorisch nicht betreut und gepflegt worden. Die einzige „Pflege" erhielt es durch das Reinigungspersonal des Rathauses, das im Laufe der Zeit die Vergoldung bis in ausgestreckte Armhöhe abrieb und in Fingerbreite neben dem Rahmen im Gemälde selbst dunkle Spuren hinterließ.

• Seit 1998 sind im Gemälde die Felder der Reinigungsproben deutlich sichtbar. Hier fehlt möglicherweise auch der Firnisschutz, wenn der bei der Reinigungsprobe entfernt wurde. Eine Rückführung in den alten Zustand hat offenbar weder der Restaurator noch der Auftraggeber in Aussicht genommen."

- Die normalerweise bei Gelegenheit von Restaurierungen betriebenen kunsthistorischen Studien fehlen zu diesem Gemälde. Darum gibt es hier kaum Fakten, aber zu viele, zum Teil widersprüchliche Vermutungen, besonders zur Datierung."

Ergänzend dazu hinterließ der Kunsthistoriker Dr. Meyer-Friese im Rathaus einen Appell, der alle Entscheidungsträger in der Verwaltung dazu aufrief, „unser fast 400 Jahre altes Bild unter Einbeziehung des Landesamts für Denkmalpflege zur 400-Jahrfeier in einen repräsentablen Zustand bringen zu lassen."

Vom Landesamt für Denkmalpflege kam die gute Nachricht, dass ein Drittel der anfallenden Kosten zugesteuert werde, wenn Stadt Glückstadt das zweite Drittel übernehmen und das dritte Drittel durch Spenden der Bürger eingeworben würde. Als die Zusage der Stadt vorlag, war der nächste Schritt, wegen des dritten Drittels einflussreiche Glückstädter Bürger und Geschäftsleute anzusprechen. Dabei tat sich die Frage auf: Wollen wir kleine Spenden von vielen Einwohnern einsammeln oder große Spenden von einigen wenigen? Es kam zu keiner Einigung. So fiel das Projekt wieder für Jahre ins Vergessen zurück.

Im Frühjahr 2014, noch während die sechs Festungvorträge liefen, verstarb Hans-Reimer Möller. Da er sich im Gedenken an seinen Lehrer Franz Michaelsen für das „Kriegerdenkmal aus dem 30jährigen Krieg" als unerschrockener Kämpfer gegenüber Bürgermeister Christian Lauenroth stark gemacht hatte, musste die Witwe auf den Gedanken verfallen, von der Trauergemeinde eine Spende für die Restaurierung des Pentz-Gemäldes zu erbitten – „statt Blumen". Die Aussegnungsfeier für den „Stadthistoriker" in der Stadtkirche verriet den Passanten draußen eine „große Leiche". Der weite Markt der von ihm so genannten „polygonalen Radialstadt" war als Parkplatz freigegeben. An „Kondolenzgeld Möller" spendeten Trauergäste die stolze Summe von 1500 €. Die nette Bankfrau war so verwundert, dass sie vor einer Überweisung erst ihren Chef nach der Richtigkeit befragen musste. Dennoch war das große Geld nur ein Tropfen auf dem heißen Stein! Wie viele „große Leichen" und deren geneigte Hinterbliebene sollte Glückstadt denn nun noch abwarten müssen, bis das Geld zusammen war, das Pentzbild zu renovieren? Nur kurze Zeit, dann kam die erlösende Meldung, weitere Tausender machten die von privater Seite geforderte Summe komplett!

Das glückliche Ende – Die dritte Restaurierung in Kiel, 2016

Mit seinem freundschaftlichen Angebot, die finanziellen Eingänge bis zu ihrer Verwendung in der Kasse des Vereins der Freunde und Förderer des Detlefsen-Museums zu parken, machte sich deren Vorsitzender, Studiendirektor i. R. Norbert Meinert, in Personalunion Sprecher der Vereinigung ehemaliger Primaner, zum Rechnungsführer. Das bedeutete für ihn, sich mit vielen Verwaltungsvorschriften befassen zu müssen und verzwickte Verhandlungen über Rechtlichkeiten zu führen, von denen die Urheberin der Aktion keine Vorstellung hatte. Eine Restaurierungswerkstatt musste gefunden werden, die an Professionalität der des Herrn Hampke in Schleswig 1904/8 nicht nachstehen durfte. Den Auftrag erhielt ein Mitglied des 2011 von Freiberuflern gegründeten Restaurierungszentrums Kiel, Peter von Gradolewski, der mit dem Amt für Denkmalpflege Kiel in Verbindung steht. Im Auftrag einer zwischenzeitlichen Leiterin des Detlefsen-Museums, Dr. Catharina Berents, war er hier bereits tätig gewesen.

Anfang März 2015 schwebte das Riesengemälde, dick in Folie verpackt, in den Händen von sechs starken Männern sicher die Rathaustreppen hinunter, an Auftraggebern und Presse vorbei. Die Last von 50 kg mit Ausmaßen wie diesem zu heben und zu bewegen, müsste für die Helfer eine außerordentlich anstrengende Tätigkeit gewesen sein! Bei einsetzendem Regen verlud man „das große Geschütz" in einen bereitstehenden Transporter, dann fuhr Ritter Pentz mit dem Restaurator davon. In seiner Kieler Werkstatt empfing v. Gradolewski außer dem Landeskonservator Dr. Michael Paarmann mehrmals auch die Glückstädter Aktiven, die sich nach dem Fortgang der Arbeiten erkundigen wollten. Die verwaiste Wand im Rathaus bekam inzwischen einen Neuanstrich, nachdem ein Kabel für diskrete Objekt-Beleuchtung eingebaut war.

Fast genau nach einem Jahr kehrte das Reiterportrait aus Kiel an seinen angestammten Platz im Rathaus zurück. Nach getaner Arbeit brach bei Helfern und kleinem Empfangskomitee bei erstem Hinsehen Bewunderung und Freude aus! „Der Grauschleier ist weg! Die Farbenpracht kommt besser zur Geltung! Das Bild hat wieder Konturenschärfe! Soldaten, Flaggen, Kanonen, alles ist wieder deutlicher zu erkennen!" Das waren die ersten erleichterten Äußerungen. Lob und Dank dem Restaurator v. Gradolewski!

Maler Suthmanns Gemälde-Beauftragte fehlte bei dem historischen Akt. Die Wiederaufhängung des Kunstobjekts mit der großen Ausdehnung fand ohne sie statt. Zu aufregend! Bei der Knochenarbeit könnte etwas schief gehen! Das hielten ihre Nerven nicht aus!

Und wenn den Männern die Aufhängung glückt? Das wäre der Beginn einer neuen Ära! Nach über 50 Jahren wäre in Glückstädter gemeinschaftlicher Anstrengung ein brennendes Problem aus der Welt geschafft, Suthmanns Parole eingelöst, und das auch so rechtzeitig zum Jubiläumsjahr, dass das restaurierte Gemälde zum Geschenk der Einwohner an die Heimatstadt und ihren Stadtgründer gelten könnte.

Wie Maler Suthmann sich wohl freuen würde! Und Studienrat Michaelsen mit seinem Schüler Hans-Reimer nun erst! Und die stattliche Riege dahin gegangener alter Heimatkundler früherer Generationen ..., Karl Asmussen, der sich zu Ehren des Gründerkönigs plötzlich Carl-Christian nannte, Schulrat Ehlers, Heinrich Brandt, Prof. Johannes Krumm, Dr. Ernst-Adolf Meinert, Frau Wanda Oesau, Henry Rößler, Heinrich Stüben, Max Tiessen ... Ach, und und der alte Detlefsen, der das Bild aus dem Abbruch-Rathaus gerettet hatte ......

Wie sollte Helfern und Spendern je genügend gedankt werden können!? ... Detlefsen-Gesellschaft, Ehemalige Primaner, Museumsverein, Banken und Geschäftsleute und so vielen unbekannten Freunde Glückstadts und seiner Ortsgeschichte ... ?

Der plötzliche Umschwung, Freude und Dankbarkeit, die Befreiung von schwer Last, aber auch eine plötzliche Leere bescherten der Initiatorin einen Schwächeanfall.

Was nicht voraussehbar war: Die Wiederanbringung ging leicht vonstatten und so schnell, dass Witwe Möller zum Rathaus kam, als alle Beteiligten schon wieder auf dem Weg nach draußen waren. Ihr zu Ehren kehrten sie wieder um. Ihr erster Eindruck war die neue Raumwirkung des restaurierten Gemäldes: „Majestätisch!"

Am 27. März 2016 berichtete die „Glückstädter Fortuna" in aller Aus-
führlichkeit von der Rückkehr das Gemäldes. Mit Fotos! Auch über das
Finanzielle dieses Abenteuers klärte Redakteurin Christine Reimers
ihre Leser auf: 9000 € hat die Restaurierung gekostet, (genau so viel
wie der Bau des ersten Rathauses 1642 an Reichstalern). An Spenden
kamen 4200 € zusammen, davon stammten allein 2000 von den „Mu-
seumsfreunden". Stadt und Landesdenkmalamt beteiligten sich mit je
3400€." Die Zusatzkosten und der große Aufwand haben sich gelohnt!

Ergebnis

Dank v. Gradolewskis Arbeit erklärt das Gemälde sich dem Beschauer
nun weitgehend selbst! Dr. Meyer-Friese nennt es ein „Zeigebild". Zei-
gebilder haben eine Botschaft für die breite Öffentlichkeit. Kunstfreun-
den ist die Gattung vom „Isenheimer Altar" des Matthias Grünewald
in Colmar vertraut. Dort in der Kreuzigungsszene weist Johannes der
Täufer mit der auffälligen Geste eines überlange Zeigefingers auf den
sterbenden Christus hin, das Symbol für alle Elenden und Kranken
in der Welt: Seht her, um diese sollt ihr euch kümmern! Der Heilige
Franziskus von Assisi auf einem Kirchenfenster zeigt mit dem langen
Zeigefinger der rechten und der offenen linken Hand auf allerlei Getier
zwischen Bäumen und Pflanzen, in denen er allesamt des Menschen
Geschwister sieht. Es ist seine Mahnung, die Schöpfung zu bewahren.

Hier auf dem Reiterportrait ist es einer der „Schlachtenbummler", der
den Betrachtern etwas mitteilen will, derjenige mit den Gesichtszügen
des Christian Pentz. Liest man das Gemälde wie ein Buch mit den Augen von links nach rechts, dann erzählt es seine Geschichte: Mit der
Spitze seiner langen, Reiterlanze, die für Franz Michaelsen nicht sichtbar gewesen war, zeigt der Gubernator auf Ross und Reiter, die an ihm
vorbei aus der Festung ins Kampfgetümmel preschen. Wer der Reiter
ist, erfährt man aus dem Schriftfeld unten rechts. Marquard Pentz, der
nach der Schlacht verstorben ist. Die Botschaft? Den Männern von
Schützengilde und Bürgerwehr, die sich im Gildesaal unter dem Gemälde versammeln, soll der Reiter ein Vorbild an Kampfesfreude und
Todesmut sein, nicht zuletzt auch dem Sohn und Auftraggeber selbst!
Der Dreißigjährige Krieg war noch nicht zu Ende! Dänemark stand mit

Schweden im Dauerstreit, der Überfall Torstensons stand unmittelbar bevor. Hätte es zur Einweihung des Gildesaals ein passenderes Motiv und eine prächtigere Ausführung geben können? Die Gattung schließt aus, dass das Reiterportrait für die gräfliche Ahnengalerie im Palais Am Fleth oder ein Gutshaus der Familie in Mecklenburg bestimmt gewesen sein kann! Es gehört zum Rathaus, das wusste Bürgermeister Brandes schon 1906!

Kremper- und Wilstermarsch gegen Schweden zu verteidigen, wurde Graf Pentzens größte Bewährungsprobe. Er bestand sie mit Ruhm! Als ganz Jütland vom Feinde besetzt war, verblieb allein sein Operationsgebiet, die Kremper- und Wilstermarsch mit Süderdithmarschen von Besatzung und Kriegsgräueln verschont, „der einzige Ort, welchen der König noch hätte"[37]. Ruhm vom Vater borgen zu müssen, wie Michaelsen befürchtete, hatte der Sohn nicht nötig! War selber Held.[38]

400 Jahre Glückstadt – 22. März 2017

Der Festakt zum 400. Stadtgeburtstag fand im Ratssaal vor geladenen Gästen statt, aber auch eine große Anzahl Bürger fühlte sich angesprochen und drängte in den Raum, sodass er wie bei den Festungsvorträgen wieder überfüllt war.

Nach den Grußworten der Gäste hielt Museumsleiter und Stadtarchivar Christian Boldt die Festrede: „Ein bebilderter Ritt durch die Stadtgeschichte".

Dazu kam wirklich hier zusammen, was „protokollarisch" zusammengehörte: Der Gesandte der dänischen Botschaft Berlin, William Boe, der Chef des Familienverbandes Pentz, Kerstan von Pentz in Begleitung seines Neffen Joachim, und von ehemals feindlicher Seite der Hamburger Ex-Bürgermeister Ole v. Beust.

Zum Ärger der Hamburger richtete Gubernator Christian Pentz 1630 für König Christian IV. an Sperforkes „Blockhaus am Hafen" den Elbzoll ein. Dazu sagte Ole v. Beust, der Zwist sei jetzt vergessen. „Wir le-

---

37 *Mathias Hattendorff: Die swedische liegen allhie gegen über - Das holsteinische Glückstadt als Ausgangspunkt dänischer Außenpolitik zwischen 1630 und 1648. Sonderdruck, Stade 1994, S. 63.*

38 *Detlefsen „Elbmarschen", Bd. 2, S. 228.*

ben in einer Metropolregion und suchen gemeinsamen wirtschaftlichen Nutzen."

Bürgermeisterin Manja Biel begrüße im Ratssaal auch den Kulturstaatssekretär Eberhard Schmidt-Elsaeßer (SPD), den Kreispräsidenten Peter Labendowicz, den Landrat Torsten Wendt, die Bürgermeister des Umlandes, Vertreter der heimischen Wirtschaft, der Vereine und die Sponsoren der Veranstaltung.

Im anschließen Empfang der Stadt nutzten die zwei „Pentze", die Gelegenheit, den Festredner zum alten Glückstadt und seinem Gouverneur zu befragen.

Die „Glückstädter Fortuna" widmete der Gründungs- und frühen Stadtgeschichte schon zum 399. und erst recht in der Jubiläumswoche zum 400. Geburtstag ganze Seiten in großer Aufmachung. Fast alle waren von der Darstellung des restaurierten Reitergemäldes oder dem Diriksen-Portrait des Gubernators beherrscht. Jetzt in Bunt!

Arbeitsbericht des Restaurators und Ergebnis

Diplom Restauratoren (VDR)
Manuela &
Peter von Gradolewski
0431 – 2191640
0176 – 24145544
mail@v-gradolewski
Eigene Nr. 0049
Restaurierung des Reiterporträts Christian Pentz Dokumentation
Objekt: „Reiterportrait des Obristen Marquardt Pentz" Leinwandgemalde
Ansprechpartner:
Verein der Freunde und Förderer des Detlefsenmuseums e.V.
Glückstadt
Vorsitzender Norbert Meinert
Anckenstrasse 9
25348 Gluckstadt
Dokumentation: Peter von Gradolewski

„Reiterportrait des Obristen Marquardt Pentz" Leinwandgemalde 1 – 8

Aufgabenstellung

„Reiterportrait des Obristen Marquardt Pentz"
Das Gemälde zeigte im Vorzustand ein deutlich vergilbten und verschmutzten Überzug. Dieser Zustand wurde durch altere Reinigungs- bzw. Firnisreduzierungsproben nachteilig verdeutlicht. Somit bestand die Aufgabe eine gleichmäßige Reinigung sowie Reduzierung des Firnes.

Zustand:

Der Rahmen zeigt sich als klappbare Einzelanfertigung für das Gemälde, seitliche geschmiedete Metallschienen stabilisieren den Rahmen. Rückseitig halten ausgeklinkte Klötze das Gemälde in der schmalen Falz. Der schwarze profilierte Rahmen wird durch eine innere Goldkante akzentuiert. Einige Farbkleckse sowie Tackernadeln zeugen von der wiederholten Renovierung des Rathausflures nach der letzten Restaurierung[39]. Wenige Ausfluglöcher und die Verschmutzung auf der Oberkante sind weitere Schadformen. Das Gold der untere Goldkante ist hingegen nahezu vollständig bis auf Schulterhöhe abgerieben.

Das Gemälde ist auf einen jüngeren Keilrahmen aufgespannt, eine Doublierleinwand hinterspannt die originale Leinwand[40] vollständig. D.h., dass das Gemälde abgespannt und auf den neuen Rahmen[41] aufgezogen wurde. Ein Teil der Malerei befindet sich auf den Spannkanten[42]. Vermutlich ist die Durchstoßung im Bereich des Beins des Reiters die Ursache für die Doublierung.

39 Quellenverweise vom Landesarchiv: Nr. 24583 weisen auf die eingreifende Restaurierung hin.

40 Selbst die Doublierleinwand wurde bereits mit einem Leinwandflicken ausgebessert, dieser Flicken zeigt sich auf der Vorderseite nicht.

41 Bei dem Aufspannen wurde die Malerei im oberen Gemäldebereich auf die Spannkante umgelegt, womit auf einen Teil der Malerei verzichtet wurde. Die untere sowie seitlichen Kanten sind unbemalt.

42 Diese Tatsache deutet auf eine Verkleinerung des Bildformates um mindestens fünf Zentimeter hin.

Der unverhältnismäßig dichte Firnis führte zu einer deutlichen Farbverschiebung, wie auch in den alten Probereinigungen verdeutlicht wird. Partiell zeigten sich größere Bereiche in dem Blattgrün mit einer Übermalung. Die Retusche an den Durchstoßungen war ebenfalls über die ursprüngliche Malerei ausgeführt worden.

„Reiterportrait des Obristen Marquardt Pentz" Leinwandgemälde 2 – 8

Maßnahmen:

Nach reiflicher Überlegung und Abwägung wurde das Gemälde in das Restaurierungsatelier überführt. Hierzu wurden die Schrauben der eisernen Wandhalterung gelöst und das Gemälde in einem Stück aus dem Treppenaufgang[43] getragen. Im Atelier wurde der Rahmen vom Gemälde getrennt, um eine einheitliche Reinigung der Gemäldeoberfläche zu gewährleisten. Gezielte Reinigungsproben, welche partiell an unterschiedlichen Stellen durchgeführt wurden, führten zu einer dreiteiligen Reinigung. Zunächst wurde allseitig der lose aufliegende Schmutz abgerieben unter Verwendung einer Absaugung. Als nächstes erfolgte eine Entfernung des anhaftenden Schmutzes mit einem Latexschwämmchen und warmem Wasser.

Am Rahmen folgte die Anpassung der unteren Goldkante im geschädigten Bereich und die Beschichtung mit einer Vergoldungsmixion. Anschließend erfolgte die Blattvergoldung. Fehlstellen am schwarzen Bereich wurden gekittet und mit schwarzer Harzfarbe retuschiert.

Am Gemälde folgte die Reduzierung des Firnisses mit organischen Lösemitteln. Vom Prinzip war die Durchführung der Reinigung vergleichbar mit einer Reinigung an einem kleinen Gemälde. Die besondere Schwierigkeit war zu einem die verhältnismäßig große Fläche, bei welchem sich die Menge an verwendeten Lösemittel potenziert. Die gealterten Retuschen wurden ebenfalls abgenommen. Partiell mussten zu den alten Fehlstellen kleine Stellen retuschiert werden. Insbesondere im Schriftfeld konnte die Reinigung nicht den verschmutzten und verbackenen Zustand vollständig reduzieren. Letztendlich wurde ein Firnis auf der Gemäldeoberfläche aufgetragen. Damit sich Rückseitig weniger Schmutz in der Leinwandtasche ablagert, wurde ein Rückseitenschutz

43 *Der Transport konnte nur dank zahlreicher Helfer erfolgen.*

angebracht. Da das Gemälde leicht zu transportieren war, wurde der Rahmen erst nach dem Rücktransport in Glückstadt zusammengesetzt. Dies erlaube auch den Transport des Rahmens in dem eingeklappten Zustand, wodurch Engpässe besser passiert werden konnten. Die Maßnahmen erfolgten in regelmäßigen Absprachen mit dem Auftraggeber und dem Landesamt für Denkmalpflege.

Weiterführende Quellen zum jüngeren Umgang mit dem Gemälde wurden von Dr. Boye Meyer-Friese zur Verfügung gestellt. Diese sind zum einen Kopie von Landesarchiv als auch Briefwechsel zu einer ausstehenden Restaurierung und der Geldbeschaffung.

„Reiterportrait des Obristen Marquardt Pentz" Leinwandgemälde 3 – 8

Detail: ältere Reinigungsachse über der Pferdefessel
  Detail: Durchstoßung oberhalb des Fußes
  00/8/*+*

„Reiterportrait des Obristen Marquardt Pentz" Leinwandgemälde 4 – 8

Detail: Zwischenzustand während der Reinigung. Links reduzierter Firnis, rechts verbraunter Firnis.
  Detail.

„Reiterportrait des Obristen Marquardt Pentz" Leinwandgemälde 5 – 8

  Detail im Vorzustand, mit Fehlstelle im Gesicht
  Detail im Nachzustand, nach Kittung und Retusche

„Reiterportrait des Obristen Marquardt Pentz" Leinwandgemälde 6 – 8

  Detail: Fehlstelle an der Hand des Reiters
  Detail: Nachzustand, nach der Kittung und Retusche sowie Firnisauftrag

„Reiterportrait des Obristen Marquardt Pentz" Leinwandgemälde 7 – 8

  Kurze Kartierung: weiße Linien – Gewebebahnen / Stoßkanten; Rote Rechtecke: ältere Reinigungsachse.

„Reiterportrait des Obristen Marquardt Pentz" Leinwandgemälde 8 – 8

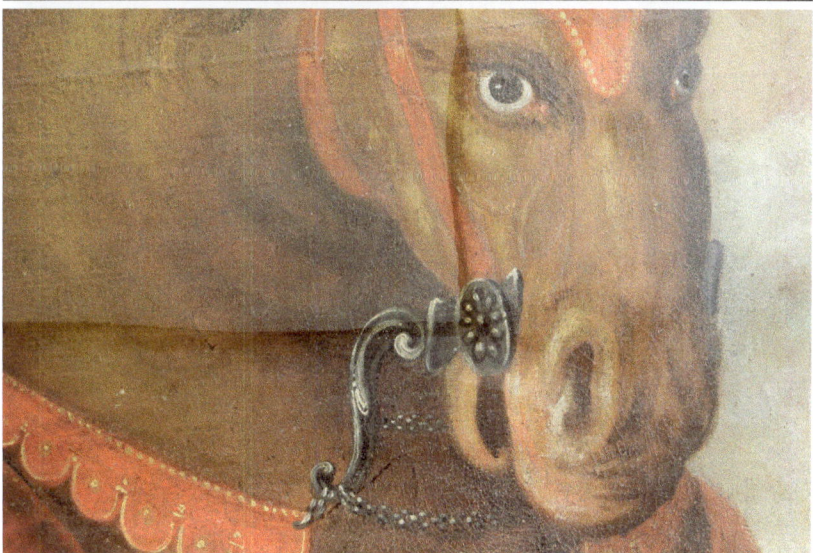

Oben: Detail: Zwischenzustand während der Reinigung. Links reduzierter Firnis, Rechts verbräunter Firnis Unten: Detail: Zwischenzustand während der Reinigung. Rechts reduzierter Firnis. Fotos: Peter von Gradolewski.

Oben: Detail im Vorzustand, mit Fehlstelle im Gesicht. Unten: Detail im Nachzustand, nach der Kittung und Retusche. Fotos: Peter von Gradolewski.

Teil 2

Wege und Umwege der Gemälde-Recherche, 2012/18

Zum Anlass der Restaurierung eines Gemäldes gehört außer dem zum Arbeitsbericht des Restaurators auch eine Begleitschrift mit neuen Erkenntnissen der Bildinterpretation. Die Forschungsergebnisse des Magistrats (1904–1908) und Franz Michaelsens (1961) sollten dazu überprüft, verworfen oder erhärtet und weitergeführt werden. Wenn zum Stadtjubiläum im Jahre 2017 nach Lorenzen-Schmidt die seit Gründung der Stadt vergangenen 400 Jahre den Bürgern lebendig vor Augen gestellt werden sollten, bot sich die Recherche zum Pentzbild im Rathaus als Längsschnitt durch die Jahrhunderte geradezu an!

Michaelsen „unterstellt für gewiss", dass Marquards Sohn Christian Pentz der Auftraggeber ist, der ja seitlich als Person selber mit abgebildet ist. Manches deutete er fehl, vieles musste ihm nach seinen Möglichkeiten ein Rätsel bleiben, doch hat er die Richtung für weiteres Vorgehen gegeben.

Seine Fragen:
* Wann ist das Gemälde entstanden?
* Wie ist es kunstgeschichtlich einzuordnen?
* Wer ist der Maler?
* Für welches Gebäude war es bestimmt und wie ist es ins Rathaus gekommen?
* Was bedeuten die schwarzen Zusätze zweiter Hand?

Der einzige Weg, sie annähernd beantworten zu können, schien der zu sein, sich den ganzen Lebenslauf des Grafen zu vergegenwärtigen, um zu erkennen: Wo auf seinem Lebensweg kann der Auftraggeber wann welchem bedeutenden Maler begegnet sein? Welche zeitgenössische Malschule war vorherrschend? Wann hatte er genug Geld, um ein derartiges Monumentalgemälde bezahlen zu können? Welche Pläne bewegten ihn, das Großgemälde unterzubringen?[44] Dazu arbeitete sich

44 *Ruth Möller: Das rätselvolle Leben des Glückstädter Gubernators Reichsgraf Christian von Pentz, Norderstedt 2017, Hrsg. Detlefsen-Gesellschaft /Christian Boldt.*

die Forscherin duch alle auffindbare verfügbare Literatur und führte Briefwechsel.

Zu 1) Wann ist das Gemälde entstanden?

Zum Entstehungsjahr sind in der Literatur drei Versionen überliefert: „1627", „1633/34", „1648". Alle drei mussten überprüft werden und eine jede erwies sich als nicht zutreffend.

- „1627":

„Das Gemälde ist 1627 gemalt," so beginnt das Gutachten des Landeskonservators Hampke auf Schloß Gottorf um 1905. Der Restaurator könnte die erhoffte Jahresangabe bei seinen Arbeiten hinten auf der Leinwand oder auf dem Rahmen vermerkt gefunden haben! Oder hat er bloß die „1627" des Sterbedatums von der Kartusche übernommen, die er gerade von Verschmutzung befreit und lesbar gemacht hatte? Es ist, als habe er sich gefreut, dem Glückstädter Magistrat seine dringende Frage endlich beantworten zu können, darum betonte er die Ziffern durch Unterstreichen.

- Aber: Wer war Christian Pentz 1627?

Als sein Vater 1627 starb, war er 17 Jahre alt und Student der Rechtswissenschaften in Padua/Oberitalien, der das Studium abbrechen, nach Hause zurückkehren und in Dienste seines königlichen Paten treten musste. Denkt ein junger Mann da sofort an des toten Vaters Verewigung im Bild für die heimische Ahnengalerie? Padua bezeichnet sich als „Wiege der Kunst" und „Ort der Geschichte". Kannte er einen Maler persönlich, und wäre es auch nur ein Straßenmaler, der ihn aus Freundschaft eiligst bedient hätte? Aber wie sollte er ein Monumentalgemälde, noch größer als allgemein, mit welchen Kosten über die Alpen nach Hause transportieren? Und zu welcher Endstation? Schloss Warlitz in Mecklenburg? Herrenhaus Neudorf an der Howachter Bucht? Zu Hause war Christian Pentz auf dem Kalkberg in Segeberg, doch des Vaters Holsteiner Arbeitsstätte war vom Feind besetzt. In dem Wohnhaus der Amtmänner auf halber Höhe hauste derzeit wohl Generalissimus Wallenstein. Glückstadt lag nach Belagerung, Hochwasser und Pest gänzlich verelendet da. Daran, dass er zwei Jahre später vom König dahin geschickt werden würde, um es als Residenz wieder aufzubauen, konnte der rückkehrende Student nicht denken!

Kommt der junge Pentz für das Jahr 1627 als Auftraggeber nicht in Frage, muss um Meister Hampkes Willen überlegt werden: Wer – außer dem Sohn – könnte so kurz nach Kriegsende gewünscht haben, den toten Markwart in einem monumentalen Gemälde verewigt zu sehen? König Christian!

Der Städtegründer war von Geburt ein Mecklenburger, mindestens ein halber, der älteste Sohn König Friedrich II. und seiner Ehefrau Sophie von Mecklenburg. Als Halbwaise wuchs er zeitweilig bei seinen Großeltern auf Schloss Güstrow auf, die mit dem uradeligen Pentz zu Warlitz geselligen Umgang pflegten. Herzog Adolph Friedrich I. von Mecklenburg-Schwerin schreibt in seinem Tagebuch, er habe Marquard oft auf Warlitz besucht und mit ihm „stark gegessen und getrunken".[45] War Obrist Pentz König Christians Jugendfreund, im Tod tief betrauert, dessen Treue er vermisste und dessen Einsatz auf dem Schlachtfeld er mit einem repräsentativen Gemälde ehren wollte? Der König liebte die Kunst und war spendabel, seit die Schweden ihm das eroberte Kalmar für 1 Million Taler[46] wieder abgekauft hatten. Er galt als der reichste Fürst und als der freigiebigste Kunstmäzen Europas.

Aber: Der König selber war 1626 dem Tode in der Schlacht bei Lutter nur knapp entronnen! „In seinem sprichwörtlichen Draufgängertum war er plötzlich vom Feind umringt und sein Pferd unter ihm erschossen worden"[47]. Auf dem Pferd eines Leibschützen floh er vom Schlachtfeld und kam erst einen Monat später geschwächt in seinem Winterlager Stade an. Dann hatte er 1627 wohl mit sich selbst zu tun! Während einer Auszeit zur körperlichen und seelischen Erholung könnte er allerdings über die Historienmalerei der Holländer und ihr Thema „Achtzigjähriger Krieg" (1568–1648) nachgedacht haben!

Während des „Abfalls der Vereinigten Niederlande von der spanischen Regierung"[48] gab es längere ruhige Zeiten, in denen neuartiger Fernhandel den Holländern ein „Goldenes Zeitalter" bescherte – mit

---

45   Edgar Winter in: „Segeberger Jahrbuch" 53, 2007, S. 37.

46   Kalmarkrieg: https://de.wikipedia.org/wiki/Kalmarkrieg, 14.07.2019.

47   Dr. Klaus Koniarek, Biographie Christian IV.: http://www.koni.onlinehome.de/ ausfuehrliche-biographien/christian-d-frames.htm, 14.07.2019.

48   Friedrich von Schiller: Geschichte des Abfalls der vereinigten Niederlande von der spanischen Regierung, Erster Theil. 1. Ausgabe. Crusius, Leipzig 1788.

einem unvorstellbaren Aufblühen der Kunst! Während dieser Kampf-
pausen stellten die Künstler auf Münzen, Medaillen, Wandmalereien
und Gemälden Unruhen, Aufstände, Belagerungen und Plünderungen dar, um tapfere Krieger zu ehren, Erinnerungen an überstandene
Gefahren wachzuhalten und das Nationalgefühl zu stärken. Weil ihre
Kunstwerke reißenden Absatz fanden, wurde der Beruf für reichlichen
Nachwuchs attraktiv. Holland soll damals einer „riesigen Kunstfabrik"
geglichen haben, wo cirka 700 Maler pro Jahr 70 000 Gemälde produ-
zierten. Dort hatte König Christian für seine vielen Schlösser Gemälde
„en detail und en gros" gekauft, von denen allerdings durch Brände und
Plünderungen viele verloren gingen. Sein Geburtsschloss Frederiksborg
war nach holländischem Vorbild bereits mit Szenen des Kalmarkrieges
1611/1613 ausgeschmückt, bei dem Marquard Pentz durch besonderen
Einsatz aufgefallen war. Ließ der König auch für Fredericksborg Slott
ein Pentzbild malen? Weder Frederiksborg noch das Dokumentations-
zentrum Dreißigjähriger Krieg in Münster, Kunstabteilung, haben diese
Frage einer Antwort würdig gehalten.

- „1633/34", das ist die Vermutung des Pentz-Biografen Pentz von
  Schlichtegroll in seiner Schrift „Aus vergangenen Tagen":
- Aber: Wer war Christian Pentz 1633/34?

Nachdem er, vom König als Schwiegersohn erkoren, zum mächtigsten
Mann und zeitweiligen Königs-Statthalter in Holstein aufgestiegen war,
verkaufte er seine mecklenburgischen Besitztümer für 60 000 Gulden
(1631), ging aber daran, das Andenken seiner Familie zu sichern. Im
Jahr 1633 ließ er im Dom zu Lübeck das Epitaph seines Vorfahren Jasper Pentz für seine Rechnung restaurieren und den Stammbaum bis zur
Gegenwart ergänzen. Für 1634 stand seine prachtvolle Hochzeit in Kopenhagen bevor, Anlass genug, vor interessierter Öffentlichkeit auch die
eigene Familie prominent ins rechte Licht zu setzen! Wie das Lübecker
Epitaph, so könnte auch das große Glückstädter Reiterportrait diesem
Ziel gedient haben! Mit dem Motiv wären Auftraggeber und Maler nur
der Mode gefolgt! Inzwischen kursierten Propaganda-Flugblätter mit
Abbildungen der Kupferstiche großer Schlachtenlenker: „Wallenstein
zu Pferde" (1625/28), „Tilly vor dem belagerten Magdeburg" (1631)
und „Gustav Adolf vor Frankfurt/Oder" (1631). Jene weltberühmten
Reitergemälde, die Michaelsen für die Ideengeber unseres unbekannten

Malers hielt, entstanden etwa gleichzeitig: Velasques „Conde Duque de Olivarez zu Pferde" (1634) und „Prinz Balthasar zu Pferde" (1634/35). Immer waren es Könige oder Schlachtenlenker, die in Reiterpose dargestellt wurden! Hier aber ist es ein Obrist! Das konnte, wenn der Sohn der Auftraggeber war, in Hochadelskreisen als Anmaßung ausgelegt werden.

- „1648".

Ältere Generationen denken bei der Jahreszahl 1648 in Erinnerung an ihre Schulzeit reflexhaft: Ende des 30-jährigen Krieges, Friede von Münster und Osnabrück! Dänen dagegen interessierte der Westfälische Frieden nicht, denn sie waren bei den Verhandlungen nicht mehr dabei. Ihr Krieg war schon nach dem Torstensonkrieg in Holstein mit dem Frieden von Brömsebro 1645 zu einem sehr bitteren Ende gekommen. Der dänische Staat und Graf Pentz, der den Kampfesmut seiner Truppe womöglich auch mit eigenem Geld angefeuert hat, waren bankrott.

Franz Michaelsen verbindet die von zweiter Hand aufgetragene Jahreszahl auch nicht mit dem geschichtlichen Ereignis, sondern hält sie unter Vorbehalt für das Jahr der Entstehung des Gemäldes. Er überlegte: Wenn das Gemälde 1648 entstand, müsste es angeliefert worden sein, als der Auftraggeber im Aufbruch oder schon verzogen war. Wurde es, weil er fort war, nicht mehr in sein Gouverneurspalais, sondern ins Rathaus gebracht? Hat er es beim Umzug mitzunehmen vergessen oder hat er es mit Absicht hier gelassen, etwa, um die triumphierenden Nachfolger auf die treuen Dienste der Familie Pentz für König Christian hinzuweisen?

- Aber: Wer war Christian Pentz 1648?

Für Glückstadt im Allgemeinen und Graf Pentz im Besonderen war 1648 von Beginn an ein Katastrophenjahr! Gegen Mitte Februar schlugen Unwetter in nie gekannter Erscheinungsform und Heftigkeit eine Schneise der Verwüstung von Cuxhaven bis Hamburg, dazu setzte die Fastnachtsflut (14. Februar) die Marschen mit der Königsresidenz unter Wasser. Das Lebenswerk des Grafen Pentz war dahin, Stadt und Festung auf Anfänge zurückgeworfen, wie er sie nach der Allerheiligenflut (7. Nov. 1627) bei seiner Erstankunft um 1629 hier vorgefunden hatte.

Auf welche Weise die fahrende Post oder ein reitender Bote bei Hochwasser nun zum gefluteten Gouverneurspalais Am Fleth durchgedrungen sein kann, ist fraglich, dennoch muss den Grafen dieser Tage die

Nachricht erreicht haben, König Christian habe ihn seiner Ämter enthoben. Dokumentiert ist die Entlassung nirgends, es existiert keine Entlassungsurkunde, doch gibt es ein Schreiben in der kunstvollen Handschrift seines Sekretärs, in dem er mit Datum vom 24. Februar 1648 seinem militärischen Vorgesetzten, Herzog Friedrich auf der Residenz Duborg, von seiner Amtsenthebung Meldung macht. Sein „gnädiger, gnädiger König" habe das militärische Kommando in Glückstadt und das Gouvernement von ihm genommen, um es auf Claus von Ahlefeldt zu übertragen. Da er den zuletzt an ihn ergangenen Befehl des Generalissimus nun nicht mehr ausführen könne, empfehle er ihm, die Order auf seinen Vertrauten, Major Günther, zu übertragen. Das Schreiben des Grafen zeugt von wachem Geist und militärischer Disziplin. In üblicher Ehrerbietung gegenüber Höherrangigen ist er im Ton sachlich, konstruktiv und ohne Vorwurf und Klagen. Allenfalls der Ausdruck „mein gnädiger, gnädiger König" lässt Empathie des Urhebers erahnen, der wohl durchschaute, dass der Sterbende selbst die Absetzung nicht verfügt haben kann.

Dr. Gerhard Köhn fand den Brief im Landesarchiv Schleswig durch Zufall bei anderer Arbeit und notierte sich verwundert das Datum. Pentz schon zu Lebzeiten König Christians entlassen? Nach Halling entließ ihn König Friedrich III. in Ungnade als Putschisten und/oder wahnsinnig geworden mindestens ein halbes Jahr später. Gegen Ende das Monats, vier Tage nach dem Schreiben des Grafen an Herzog Friedrich, starb König Christian nach längerem schweren Leiden auf Schloss Rosenborg in Kopenhagen (28. Februar 1648).

Wie nach dieser Unglückshäufung erklärlich, soll Graf Pentz in „schwermüthige Gemüths-Umstände" geraten sein. Glückstadt unter Wasser, Graf Pentz entlassen, der König tot! Kein Gedanke daran, ein Portrait des Vaters in Auftrag zu geben.

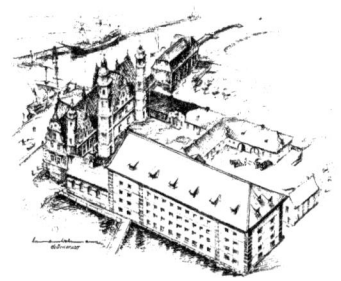 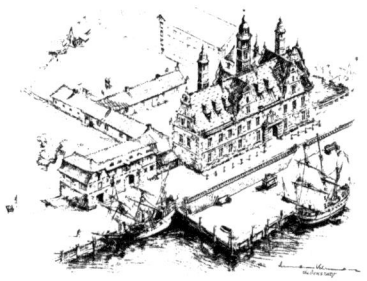

Das Glückstädter Schloss Glücksburg nach der Vorstellung des Malers Hermann Wehrmann.

Zu 2) Wer ist der Maler und welcher Malschule gehörte er an? Die Grundlagenforschung des Glückstädter Historikers Dr. Gerhard Köhn versetzt uns in die glückliche Lage, sämtliche Einwohner Glückstadts zwischen 1617 und 1652 identifizieren zu können.[49]

Über drei Generationen beschäftigten die Dänenkönige die flämische Architektenfamilie van Steenwinkel als königlich dänische Baumeister. Es gab Hans I., II. und III. van Steenwinckel und Willem, Sohn oder Neffe von Hans II. Noch im Jahr der Belagerung durch Wallenstein war Willem, der sich hier hochdeutsch Steinwinkel nannte, in dem verelendeten Glückstadt sesshaft geworden. Von ihm ließ König Christian 1631 das Schloss am Hafen erbauen, 1631/32 das Gouverneurspalais für Christian Pentz und Ehefrau Sophie Elisabeth von Schleswig-Holstein, 1633 das Provianthaus und 1642/43 das Rathaus. Die Niederländer in ihrem Goldenen Zeitalter versorgten sämtliche Fürstenhöfe Europas nicht nur mit Kunstwerken, sondern auch mit Künstlern, deren es zu Haus zu viele gab. Einer in der Familie van Steenwinkel war nicht nur Architekt, sondern auch „Figurenmaler", Sohn Hans I., Willems Bruder oder Vetter, von dem es heißt: „ein berühmter Mahler/sonderlich in Pferden über alle Vergleichung/hat damals ein Pferd gemahlt so natürlich/dass das lebendige dazu geeilet. Daher es der König Christianus IV. hoch geachtet"[50]. Hat Willem diesem Verwandten den Auftrag bei

49 Gerhard Köhn: *Die Bevölkerung der Gründungs-, Residenz-, Garnison- und Exulantenstadt Glückstadt 1616 bis 1652*, 1974.

50 *Die „Teutsche Academie" auf Sandrart.net.*

Christian Pentz verschafft? Nein! Nach Köhn brachte Wilhelm zwei Familienmitglieder mit, aber sie hießen Hans und Franz. Morten kommt im Einwohnerverzeichnis nicht vor.

Der Ausbau der königlichen Residenz mit Schloss Glücksburg lockte die besten Baumeister und Künstler herbei. Allein für den Bau des Schlosses verpflichtete Gubernator Pentz im Namen des Königs vertraglich zwölf Baumeister, elf Bildhauer, sechs Stukkateure und zwei Kunstmaler. Sie hatten die Bezeichnung „besonderer Handwerker"[51]. Ihre Kundschaft waren auch adelige Beamtenschaft und hohe Militärs, die dem König an künstlerischer Prachtentfaltung in ihren Häusern nicht nachstehen wollten. Sollte Graf Pentz sich da völlig enthalten haben?

Im Jahre 1633 wurde der ostfriesisch/holländische Kunstmaler Bernd Siebrands, evangelisch-reformierten Glaubens, mit mehreren Personen gleichen Familiennamens hier sesshaft. Bis 1655 ist er als „besonderer Handwerker" und „Spezialprivilegierter" nachweisbar. Sein Haus, das 2100 Mark gekostet hat, ist aus technischen Gründen im Bürgerbuch nicht erfasst. Im Jahr 1633 zahlte er 3 Mark an Steuern[52]. Siebrands mag dem Gubernator zu einem Reiterportrait im künftigen Rathaus geraten haben, denn in Holland gaben Stadtregierungen „reihenweise" Reiterportraits als Schmuck für ihre Rathäuser in Auftrag, um die militärischen Leistungen der örtlichen Helden im 80jährigen Krieg (1568–1648) gegen Spanien zu dokumentieren und kämpferisches Gemeinschaftsgefühl zu festigen. Wie auch der Restaurator Josef Wieczorek 1998 feststellte, herrscht bei den „vielen Details und Partien von künstlerisch hochstehender Malqualität ein niederländisches Klima." 1634 kam für einige Jahre der Kunstmaler Kasper Janke nach Glück-

51 *Gerhard Köhn: Zur Baugeschichte des Glückstädter Schlossen in: Stb. Jahrbuch 1974, S. 107–116.*

52 *Quelle: Köhn, „Bevölkerung". Ein zweiter Kunstmaler und privilegierter „besonderer Handwerker" ist Kasper Janke, Am Hafen, ohne eigenes Haus. Er ist von 1632 bis 1636 hier nachweisbar.. Dem Familiennamen nach könnte er aus Mitteldeutschland stammen und im Gefolge der Bildhauerschule Georg Kriebel/ Crüwell aus Magdeburg nach dem Brand 1631 hier zugewandert sein.*

Das Glückstädter Rathaus im Jahr 2015 (Foto: Norbert Meinert).

stadt, eventuell Siebrands Geselle?[53] Da er aber nur bis 1636 blieb, kann er nach 1640 nicht mit am Pentzschen Reitergemälde gearbeitet haben.

Letzte Arbeitsthese 2013: Maler des Reiterportraits im Glückstädter Rathaus ist der in Glückstadt ansässige Ostfriese Bernd Siebrands.

Zu 3) Für welches Gebäude und welche Wand war es bestimmt?

Ein Zeigebild gehört in den öffentlichen Raum. Graf Christian schenkte es der Stadt zur Einweihung des Rathauses 1642 als Schmuck für den Gemeinschaftsraum der etwa gleichzeitig „Erneuerten Brand- und Schützengilde". Das Gouverneurspalais in der Straße Am Fleth als Bestimmungsort scheidet aus! Niemals wäre der den Raum beherrschende Anblick eines Obristen der standesstolzen Königstochter in ihrer Glückstädter Häuslichkeit zuzumuten gewesen! Bürgermeister Brandes äußerte mit Recht bereits in seinem Brief vom 28.02.1906 an den Baurat

53   Köhn, „Bevölkerung": Beide Maler sind 1646 mit dem Borsflether Altar beschäftigt. S. a.: Rudolf Zöllner, Flbg. Museum, in: „Nordelbingen", Band 42, 1973, Fußnote mit Bezug auf Gerhard Köhn.

von Pentz: „Vielleicht war es die Absicht, hierdurch gleichzeitig das vom König der Stadt geschenkte Rathaus mit einem historischen Schmuck zu versehen."

Zu 4: Was bedeuten die schwarzen Zusätze von anderer Hand?

Am barocken Schlachtengemälde mit dem anstürmenden Reiter hat sich ein zweiter unbekannter Maler betätigt. Die Aufschrift „viuo o morto" für „lebend oder tot" rechts und links des Kopfes ist nicht ursprünglich, sondern später hinzugefügt, dazu die groß geschriebene Zahl „1648" am „Boden der Bastion". Um 1648 kann der Urheber das weit verbreitete Propaganda-Flugblatt „Tilly vor Magdeburg" (1631) als Vorbild genommen haben, dem in Kopfhöhe die Zeile „Wer kan wider Got?" eingefügt ist, „Gegen Gottes Willen kann man nichts ausrichten". Die Botschaft, die darin steckt, soll die Verantwortung für den Magdeburger Feuersturm vom Feldherrn der Katholischen Liga, Johann Tserclaes Graf v. Tilly, auf Gott übertragen, der die Hochburg des Protestantismus bestrafte, indem er sie abbrennen ließ!

Enthält die Zeile „viuo o morto" auf dem Gemälde des Glückstädter Reiters in Verbindung mit der Jahreszahl auch eine Botschaft? Welche? Was ist in diesem Jahr 1648 außer der Unwetterkatastrophe so Bedeutsames geschehen, das einen nachträglichen Eingriff in ein geschlossenes Kunstwerk rechtfertigte?

Es ist das Ende der Ära Pentz in Glückstadt!

Ist der Spruch das Pentzsche Familienmotto, wie Franz Michaelsen meinte? Nein! In der akuten Situation des Grafen muss er eine aktuelle Bedeutung gehabt haben. Er ist fast sicher ein Zeichen realer, existentieller Not, ein Hinweis auf Bedrohung, die er auf sich zukommen sieht! Sofort, als der Schutz des Königs entfiel, ging es für den Grafen um Leben oder Tod! Er geriet in die Gewalt von Standesgenossen, deren „brennender Ehrgeiz" ihm ihr Lebtag sein familiäres Verhältnis zum Königshaus geneidet hatte. Sie schlossen sich zusammen, um ihn „zu demütigen und zu ruinieren". Das Interregnum bis zur Wahl des neuen Königs gab ihnen in der Abgelegenheit Glückstadts genügend Zeit und Gelegenheit dazu!

Graf Pentz war ein literarisch gebildetes Mitglied der ersten deutschen Sprachakademie „Palmenorden", da kann ihm in äußerst bedrängter

Lage beim Abschied von Glückstadt Shakespeares Hamlet-Monolog mit der Zeile „To be or not to be" in den Sinn gekommen sein, die er ins Italienische umgewandelt hat.

„Sein oder Nichtsein/das ist hier die Frage.
Ob's edler im Gemüt/ die Pfeil´und Schleudern/
Des wütenden Geschicks erdulden, oder,/
Sich waffnend gegen einen See von Plagen/
Durch Widerstand sie enden? Sterben – schlafen -"
(Shakespeare „Hamlet" 3. Aufzug, 1. Szene, 1603).

Graf Pentz wurde Opfer eines Komplotts!

Die „königliche Ungnade" gegenüber dem Gouverneur von Glückstadt entlarvt sich bei näherem Hinsehen als Ungnade hiesigen Adels, der in den Monaten des Interregnums 1648 Gelegenheit findet, vermutlichen Mord aus niederen Beweggründen ihren Maßnahmen zur Machtsicherung des umstrittenen Friedrich III. zuzurechnen.

Stand der Bildinterpretation 2018

Die unbeantworteten Fragen waren:
1. Wann ist das Gemälde entstanden?
2. Wie ist es kunstgeschichtlich einzuordnen?
3. Wer ist der Maler?
4. Für welches Gebäude war es bestimmt und wie ist es ins Rathaus gekommen?
5. Was bedeuten die schwarzen Zusätze?

Ergebnisse in Kürze:

1. Das Gemälde entstand im Auftrag des Glückstädter Festungskommandanten und Gouverneurs Reichsgraf Christian von Pentz, Sohn des Dargestellten, zur Fertigstellung 1642.
2. Es gehört der Niederländischen Malschule an.
3. Maler ist der Ostfriese Bernd Siebrands in Glückstadt.
4. Das Gemälde war zur Einweihung des weitgehend vom König bezahlten Rathauses als Geschenk des Gubernators gedacht und für den Gildesaal im Oberstock bestimmt.

5. Die schwarzen Zahlen von einer zweiten Hand bedeuten den Tod König Christian IV. 1648 und den Abschied des Grafen Pentz von Glückstadt. Der schwarze Spruch ist ein Hinweis des Grafen auf die Bedrohung seiner Existenz und eine versteckte Aufforderung, an die Betrachter, den Dingen klärend nachzugehen.

Weitere Fragen:

1. Gehörte die Aufschrift auf dem professionell gestalteten weißen Feld unten rechts von Anfang an zum Gemälde oder ist sie ein späterer Zusatz?
2. Wer hat die weniger professionell erscheinenden schwarzen Zusätze, das Motto und die Jahreszahl, aufgebracht?
3. Wer sind die beiden Personen am Abhang rechts im Bild, die dem Reiter den Rücken zukehren, und welche Bedeutung haben sie für die Bild-Aussage?

Teil 3

Lebenszeichen eines Phantoms, 1603

In der auffindbaren zeitgenössischen Literatur erscheint über die Person Marquard Pentz kein unfreundliches Wort!

Eine liebenswerte Schilderung gibt es in einer Hamburger Sage: Demnach hatten die dänischen Könige vom Stamme Oldenburg als Herzöge von Holstein den Brauch, nach Hamburg zu ziehen, um im Stile kaiserlicher Krönungszeremonien in Frankfurt „dieser guten Stadt Erb-Huldigungen entgegen zu nehmen, zu welcher sie jedoch mit Nichten verpflichtet war." Festliche Umzüge, Kirchgang, Besuch im Rathaus, Ritterschlag, Volksbelustigung und ausgiebige Turniere gehörten dazu. Sozusagen als Zeugen der Macht und Pracht lud er seine Verwandten und Freunde unter den deutschen Reichsfürsten dazu ein. Am 28. Oktober 1603 zog er unter großer Prachtentfaltung in Hamburg ein, gefolgt von anderen großen Herren, Rittern und Räten, Leibtrabanten und Reitergeschwadern mit insgesamt 1500 Pferden. 19 Fähnlein bewaffneter Hamburger Bürger standen Spalier. Die Gäste wurden allesamt in Bürgerhäusern untergebracht, und zwar auf eigene Kosten, sagt diese Quelle, eine andere sagt, auf Kosten der Stadt. Am 29. Oktober besichtigten die Herrschaften die Stadt und hielten Audienz, Sonntag, den 30., fand ein Festgottesdienst mit festlicher Musik in der renovierten Kirche St. Petri statt, danach im Rathaus die vom König geforderte Huldigungs-Zeremonie. Aus der Erbhuldigung wurde bei den Hamburgern aber nur eine Freundschafts-Verpflichtung mit Erneuerung alter Privilegien.

Am Montag, dem 31., gab es eine Art Karnevals-Umzug mit allegorischen Darstellungen auf Themenwagen, die vom König selbst entworfen waren; er selbst erschien als Sonnengott, sein Bruder als Alexander der Große. Zuletzt folgte ein lustiger Mummenschanz, zu dem sich hohe Herren als Polacken, Moskoviter, Ungarn, Türken, Mohren usw." verkleidet hatten. Der Segeberger Amtmann Marquard von Pentz kam als ein Bauer mit Pflug und Dudelsack, was doch sehr für Uneitelkeit spricht: Der König als Sonne, der mehrfache Gutsbesitzer als Bauer! Am 1. November war Volksbelustigung, dazu kam der König wieder als Sonnengott, „weil alle Welt ihn noch einmal bewundern wollte. Marquard Pentz hatte ein neues lustiges Stücklein erdacht". Er kam in einer viertürmigen Burg aus Pappe, aus deren Ecken urplötzlich ein Feuerwerk los ging. „Es knallte, prasselte und sprühte umher, dass die Frauenzimmers vor Entsetzen laut zu schreien begannen". Während die kleine Burg schließlich in Flammen gänzlich abbrannte, „stand inmitten des dichten Feuerregens Herr Marquard Pentz mit gezogenem Schwert, das schwang er sich in schnellen Schlägen und Wirbeln um den Kopf, um sich gegen die Funken zu schirmen, was ausnehmend schön anzusehen war."

Am Donnerstag, dem 2. November, gab der König dem Rat von Hamburg in seinem Quartier ein Ehren-Bankett, dem folgte eine Sitzung der Ritter des Elefantenordens, eine in Hamburg völlig unbekannte Zeremonie: während der „das blaue Band dieses hohen Ehrenschmuckes" an vier Ritter verliehen wurde: Des Königs Bruder Ulrich, den Herzog von Gottorp, den Grafen von Oldenburg und an den Segeberger Amtmann Marquard Pentz.[54]

Mit einem angenehmen Charakterzug wird Markwart in einer Familienchronik[55] erwähnt: Sein Vetter Joachim Reimar war „gewalttätiger Geselle" von „grenzenloser Roheit", der auch schon „seine eigene Mutter braun und blau geschlagen" hatte. Dem Unhold gelang es trotzdem, eine wohlerzogene Ehefrau zu finden. Als Vater zweier kleiner Kinder verhielt er sich einige Jahre unauffällig. Bei einem Jahrmarkt in Boitzenburg provozierte er einen Freund und wurde von dem Bedrängten auf der Straße erstochen. Dessen Freundeskreis erkannte auf berechtigte Notwehr und solidarisierte sich mit dem Täter, nicht mit dem Toten, der nach ihrer Ansicht Opfer seiner selbst geworden war. Die begüterte Witwe heiratete wieder und wurde zum zweitenmal Witwe; eine reiche Erbin, deren zwei Kinder aus der 1. Ehe aber bei den gesetzlich geregelten Erbschaften leer ausgegangen waren. Um ihren Sohn in Rostock studieren zu lassen, fehlte dafür bestimmtes Geld. In dieser Situation kaufte der „königlich-dänische Oberste Markwart Pentz auf Neudorf in Holstein" der Mutter 1615 das Pentzsche Familiengut Warlitz für 7500 fl. ab. „Aus vetterlichem guten Willen" legte er noch 100 Rthlr. für den Studiosus hinzu sowie 200 Kronen zu einer goldenen Kette für dessen Schwester.

---

54 Aus „Hamburger Sagen", von Otto Benecke, 1886 (Wikisource).

55 F. v. Meyenn: Urkundliche Geschichte der Familie von Pentz, II. Bd., S. 330, Bärensprungsche Hofbuchdruckerei Schwerin 1900, digitalisiert 2007.

*Büste Christian IV. von Jean Baptist Dieussart vor der Stadtkirche Glückstadt
(Foto: Norbert Meinert).*

Über Marquards Menschenfreundlichkeit in der Amtsführung berichtet die Schrift „Das Münzwesen der Herzöge in Harburg" beinahe anekdotisch: Zwei Juden, Münzpächter zu Moisburg, hatten sich „allerlei Schwindeleien und Umtriebe schuldig" gemacht und waren mit einem Schlitten über die zugefrorene Elbe ins dänische Wandsbek geflohen. Nachdem das am 6. Februar 1622 ruchbar wurde, ging Klageschrift um Klageschrift an den Amtmann von Segeberg, er möge „die verstrickten Juden zur gefänglichen Haft bringen." Gut Wandsbek war seit 1614 im Besitz des Königs, ein Ort, an dem er die Rechte der Juden besonders schützte. Weil die Juden in Wandsbek wohnten, musste Ihre Majestät erst um Erlaubnis gefragt werden, das zog die Angelegenheit noch mehr in die Länge. Am 27. März 1622 erschien ein Abgesandter, um persönlich Druck zu machen. Endlich erteilte König Christian die Erlaubnis, aber „Da erschien unterm 17. August 1622 ein Bericht des Amtmanns Marquard Pentz zu Segeberg, dass ihm der Jude, zu dessen Verstrickung er Befehlung gehabt, in Holstein entkommen, hinten durchs Haus gesprungen sey, und könne er ihn nicht zur Haft bringen, weil er nicht wisse, wo er hingeloffen sey."[56]

---

56 *Vaterländisches Archiv des Historischen Vereins für Niedersachsen. X Geschichtliche Darstellung, S. 198/99.*